U0003439

【造者殊勝 二】

廣海明月

道次第廣論講記淺析

第五卷

宗喀巴大師／造論
日常老和尚／講述
真　如／淺析

出版緣起

　　綜觀古今中外，無論貧富貴賤，生老病死是所有人都難以迴避的問題，唯有佛陀找到解決這些痛苦的良藥，而遠離了所有的痛苦、成就圓滿的快樂。佛在成道後三轉法輪，將離苦得樂的方法宣說出來，使任何有緣依之而行的凡夫，皆可獲得圓滿的佛果。

　　其中二轉法輪在靈鷲山宣說了《般若經》，《般若經》直接闡述的是萬法的真相──甚深空性的道理，間接也詮說了現觀道次第。彌勒菩薩造《現觀莊嚴論》，開闡《般若經》中現觀道次第之內涵。西藏智者之頂嚴宗喀巴大師，以《現觀莊嚴論》為基，並依印度大成就者阿底峽尊者所造《菩提道炬論》中三士道之內涵，而著作了《菩提道次第廣論》（以下簡稱《廣論》）。此論統攝一切佛語扼要，囊括從凡夫到成佛所須修學的一切內涵，次第井然、易於受持，是想究竟離苦得樂的人往趣佛地的最佳指南。自十五世紀至今，《廣論》教授盛弘於西藏、四川、青海、蒙古等地。二十世紀初，漢地法尊法師入藏求法，始將《廣論》譯為漢文。

　　上日下常老和尚（1929 － 2004）一生親近各宗派諸多大德耆宿，博通三藏，持戒精嚴，以其精湛之學修詳審觀察，深見《廣論》教授之殊勝，遂發願弘揚。1988 年，首於台灣台中圓滿講述，共 160 卷錄音帶。老和尚之講述深入淺出，廣引經論、祖師言教，並以善巧譬喻，引導學習者建立生命崇高的目標，並依所學內涵對照自己的身心，進而淨化、提升，在離苦得樂的路上步步前行。

　　2004 年日常老和尚圓寂，將帶領福智團體僧俗學修之重任，託付給心子——真如老師。真如老師十四年來戰兢惕勵、竭盡身心，承繼老和尚之心願，帶領僧俗弟子虔誠學法，推展廣大弘法利生之事業，成果斐然。如今全球學習《廣論》之學法者已逾十萬人，遍及亞洲諸多國家，乃至美洲、歐洲、大洋洲等，獲益的眾生難以數計。

真如老師更自 2018 年 4 月起，每週兩次，親自帶著所有僧俗弟子對老和尚開示之《廣論》再作詳細、深入的學習。每一講開示，老師可謂用心良苦，不但字斟句酌地引導弟子契入老和尚開示之內義，並且廣引《廣論四家合註》、五大論等諸大經論為依據，更結合日日生活的方方面面，清楚指出實踐的下手處。

此系列開示發行以來，引發廣大迴響，在諸方殷重祈請下，真如老師親自核對，由弟子們將開示輯錄成冊，名為《廣海明月》。以此供養具恩師長、諸佛菩薩，及期盼以清淨法語璀璨生命的共學法者。迴向聖教昌弘、善士久住，一切如母有情速趣解脫之道，共臻佛地。

大慈恩譯經基金會 謹識

編輯凡例

一、本書引用之《菩提道次第廣論》原文，根據福智之聲出版社之《菩提道次第廣論》第三版（宗喀巴大師造，法尊法師譯，台北：福智之聲出版社，2015）。

二、本書引用之日常老和尚講記原文，根據台北圓音有聲出版有限公司 2016 版《菩提道次第廣論手抄稿 南普陀版》冊 1（簡稱舊版）、2017 版《菩提道次第廣論手抄稿 鳳山寺版》冊 1（簡稱鳳山寺版）。

三、本書引用之《四家合註入門》原文，根據《四家合註入門》冊 1 初版一刷（哈爾瓦・嘉木樣洛周仁波切講述，釋性柏、釋如行等譯，台北：福智文化股份有限公司，2016）。

四、本書所引《菩提道次第廣論四家合註白話校註集》、《四家合註入門》原文與箋註、《菩提道次第廣論》原文以及其他經典，採金色楷體，科判採金色粗明體；日常老和尚講記原文採金色仿宋體；真如老師淺析文字以黑色新細明體呈現。

五、《廣海明月》是真如老師在 2018 年 4 月起，依循
　　著日常老和尚的講記，結合《廣論四家合註》及五
　　大論等諸大經論，深入淺析《菩提道次第廣論》之
　　開示。由弟子們錄音、整理文稿，各講次均按順序
　　編號，並標記各段落音檔之時間點，便於讀者對應
　　查閱。

六、每一講次前皆附上該講次音檔 QR code，以利讀者
　　掃描至大慈恩譯經基金會（https://www.amrtf.org）之
　　〈廣海明月〉課程網頁，學習每一講開示。

七、各講次雖為真如老師於不同時間、地點所錄製而
　　成，然內容實為相互連貫。

八、本書所列之講次章節和標題，為編輯所加入，希望
　　幫助讀者了解講次內容脈絡，深入學習。

目次

廣海明月

——道次第廣論講記淺析
第五卷

為顯其法根源淨故
開示造者殊勝

講次 0227

造者殊勝，關乎自己學習成敗

　　大家好！又到了我們研討《廣論》的時間了。在研討之前，還是請大家觀察一下自己的身心狀況，最重要的事情就是要殷重發心，殷重發心這件事，我在很多講次裡都會不停地提到。因為當我們做一件事，我們的發心會直接導致這件事完成的結果是什麼樣的程度。我們聽聞的是大乘的法，如果我們不去造作一個大乘發心的話，那這樣的時光真的是滿可惜的！所以請大家還是要殷重發心——為了利益無窮無盡的有情，我們要去證得最殊勝遍智的果位；為了有一天達到究竟地離苦得樂那個果位，我們要來研討《菩提道次第廣論》。00'55"

廣論音檔段落　舊版 3B 28:13～4A 02:31
手抄稿頁／行　舊版 1 冊 P94-L2～P98-L7（2015 年版）
　　　　　　　舊版 1 冊 P94-L3～P98-L7（2016 年版）

好！今天我們要學的是《菩提道次第廣論》師父帶子的第四卷，請大家先聽一下師父的帶子。01'09"

現在這個地方本論所採用的是後者，這個後者分四大段，分四部分，說：

由是菩提道次引導分四：

現在呢，我根據後者這個師承，來說明這個菩提大道修證次第的方法，分四部分：

一為顯其法根源淨故開示造者殊勝，二令於教授起敬重故開示其法殊勝，三如何講聞二種殊勝相應正法，四如何正以教授引導學徒之次第。

分四部分。那麼為什麼要分這個四部分，這裡簡單地說明一下這個道理。詳細的內涵每一部分哪，他就是說這個，我們只要把下面認真地學，那個細部都了解，一開頭，原則說一下為什麼。第一個我們了解，說學一切任何一樣東西，你一定要跟一個自己有正確認識的人

學，這樣才學得好。不管做世間出世間任何一樣東西，你要學會，一定要跟一個會的人學才行；同樣會的人，他越是內容精采、越是圓滿是越好。世間法尚且如此，何況佛法！世間法出一點毛病，那麼最多你說，哎呀，作生意少賺一點錢、虧一點本；佛法出了毛病的話，就流落在生死輪迴，小的受生死之痛苦，大的在三惡道中，不得了地嚴重！尤其是修學佛法，你稍微不小心一點哪，嘿，會產生很大負效果，很大負效果，這一點我們要注意！所以真正對這個佛法本身是否清淨，是絕端地重要。那麼要想得到清淨圓滿的教法的話，這個引導我們本身他的條件，是決定因素。04'03"

好！現在我提一個問題。師父說：「為什麼要分這個四部分？」然後「一開頭，原則說一下為什麼」，接著說：「第一個我們了解」。大家還知道第一個我們了解什麼嗎？如果你們沒記住的話，可以看手抄，第一個我們要了解的是什麼呢？說：「學一切任何一樣東西，你一定要跟一個自己有正確認識的人學，這樣才學得好。」我們要了解的第一個事是——「學」！學一切任何一樣東西，我們要學習。那麼學習要跟一個什麼樣的人學呢？就是他自己會有正確的認識這樣的人學。結論：「這樣才學得好。」05'07"

這點大家有疑義嗎？你們可以討論一下。是不是學一切任何一樣東西，一定要跟一個自己有正確認識的人學，這樣才學得好呢？如果他不會，也沒有辦法教我們。所以學得好的一個因素，就是一定要跟一個自己有正確認識的人學，就是他是會的、他是正確的。05'37"

接著師父說：「不管做世間出世間任何一樣東西，你要學會，一定要跟一個會的人學才行。」還是闡述這個問題。接下來又說：「同樣會的人，他越是內容精采、越是圓滿是越好。」所以在會的人裡邊就提出了什麼？精彩和圓滿。接著我們要學習什麼呢？世間法和什麼？佛法。說：「世間法尚且如此，何況佛法！」接著師父類比了世間法如果學不好會怎樣、佛法學不好會怎樣。世間法出了一點毛病，那麼最多你說：「哎呀，作生意虧錢了、虧本了！」但是佛法出了毛病的話會怎樣呢？流落生死輪迴，因為佛法是要我們出離生死輪迴的。然後「小的受生死之痛苦，大的在三惡道中」，惡道之中的苦就非常地劇烈

了。師父接著說：「不得了地嚴重！」如果學得不對的話。因為佛法是要教我們了脫三惡趣的痛苦，乃至了脫整個輪迴的痛苦，如果沒有學明白、學錯了的話，這兩個痛苦都脫不了。所以對我們本身來說損失很大，非常嚴重！07'11"

　　所以，師父說修學佛法要非常非常地慎重，尤其是稍微不小心一點，就會產生很大的負效果。注意！接著師父說了：「這一點我們要注意！」注意哪一點呢？是注意學佛法要小心嗎？還是注意下面的那句話——「真正對這個佛法本身是否清淨，是絕端地重要。那麼要想得到清淨圓滿教法的話，這個引導我們本身他的條件，是決定因素。」注意！出現了這樣幾個問題，就是對這個佛法本身是否清淨是絕端重要的，為什麼？因為不清淨的佛法的傳承沒法教我們了生脫死，沒有辦法，因為只有佛陀有解決生老病死的辦法，只有佛法有。如果把佛法學錯了，這個最大的勝利就得不到了。所以它本身的清淨就變得——師父用了「絕端地重要」——絕端地重要！那麼要想得到清淨圓滿的教法的話，決定因素是什麼呢？就是引導我們本身他的條件——引導者的條件是決定因素。08'40"

　　大家可以看一看，在這一小段裡師父的觀點。他站在我們一個學習的人的角度，深刻地分析了：如果沒有找到清淨圓滿的傳承的話——沒有找到那個能把清淨圓滿的傳承傳給我們的人的話，沒有這個決定因素，那我們到底會不會學到清淨的教法？不會。學不到的話，佛法給我們的利益就得不到，對我們來說就不得了地嚴重，就是都白忙了、白辛苦了！可見在世間法和出世間法中，最重要的就是佛法帶給我們這個利益，而它的根本決定性的因素，就是引導我們那個人他的條件，因為他會決定這個傳承清不清淨。09'35"

　　這個觀點，大家會不會覺得師父完全是站在學的人的角度在探索？為什麼要「顯其法根源淨故開示造者殊勝」呢？完全是站在學的人會得到什麼樣的利益，從這樣的一個角度讓我們去了解，為什麼法的根源清淨這麼重要。法的根源清淨最重要的源頭，就是造論、說法的那個人，而這一點關乎到我們生命的成敗。比如說我們到底能不能離開輪迴？到底能不能離開惡趣？如果一個有殊勝傳承的善知識給我們開示的話，一定會無倒顯示出離生死輪迴的清淨之道、脫離惡趣的深信業果的法門，不會讓我們忽略這些。一旦我們陷入不清淨的法中,我們根本走不上清淨、正確的道路,練、練、練,成了旁門左道,或者在非常局部的地方花了很多功夫,而道的主體卻不知道;或者過分地追求自身的一點覺受,而對真正出離生死的這個問題幾乎一概不提。10'54"

所以這個法的根源清淨,完全源自於說法者或者造論者他的殊勝條件,這一點就變得非常重要!我們一定要了解那個造論者是怎麼殊勝的,因為了解了他真的關乎到我自己學的成敗,這件事不是可有可無,而是非常非常地重要!所以師父從這樣一個角度,非常善巧地引導我們的心,慢慢地去了解宗大師的意趣。11'26"

講次 0228

依菩薩釋論，方能趣入佛陀密意（一）

好！我們接著聽下一段。

> 　不過這個地方大家會說：「欸，那麼引導我們的佛最圓滿，何必還要你來造、他譯了呢？難道你還比佛強嗎？」現在很多人提出這個問題，這個話聽起來，是呀，我們想，對呀！所以現在有太多的人說：「啊，你不要去看那個論，難道造論的菩薩還強得過佛嗎？」我們一聽覺得對，然後你就不去看論了。這裡邊卻是有個大問題，這個我們在這裡解釋一下。00'40"

廣論音檔段落　舊版 4A 02:31～05:16

手抄稿頁／行　舊版 1 冊 P98-L8～P99-LL3（2015 年版）

　　　　　　　舊版 1 冊 P98-L8～P99-LL3（2016 年版）

師父提出了這個問題。有的時候在聽法，聽著、聽著心裡出現一個疑問：「那是為什麼呢？」有的時候善知識講著、講著，講就講到那個疑問，那種感覺非常好，好像他聽到了你的疑問。像這裡我們的心裡嘀咕這個問題，說：「既然是說要得到最清淨圓滿的教法，那佛就最圓滿了，為什麼還要學論啊？就不用學論了！造論的菩薩還強得過佛嗎？」然後我們一聽，注意！我們一聽，看！發生什麼事了？「我們一聽覺得對」，然後產生一種結果，就是不去看論了。01'35"

　　這只是心裡的一個問題，但是它沒有被正確地解決的話，導致的結果就是不去看論。看起來輕輕滑過的一個問題，但它導致的結果，可能這一輩子都不去讀誦詮釋佛經的論典。可是靠自力怎麼能夠趣入佛陀的密意呢？這樣的損失實在太過巨大！可它的源頭卻是一個疑問，乃至是一個輕率的回答，就能使一生空過，甚至走上覺得學論沒有用這樣的一個險途，造了很大的惡業！02'22"

　　現在大家學《廣論》、學《南山律》，還有學五大論已經有點蔚然成風，可是二、三十年前應該漢地還沒有這樣的一個風氣。那個時候師父就提出這樣的觀點，讓我們認識到學論對了解佛經的重要性，尤其是不去看佛所授記的大菩薩寫的論的話，是沒法了解佛陀的密意。02'48"

舉個最簡單的例子，現在我們學五大論，有的學得很快，有的學得有點慢，那我們就會拿學得好的同學的筆記看。欸！第一天不明白，結果看了一下他的筆記，第二天就明白了。同班同學的那個筆記能超過善知識講的嗎？肯定不行，但是它卻給自己一個最大的幫忙，就是把不明白的地方弄明白了，這樣才能明白善知識的意思。我們經過一輪、一輪地學習，學習菩薩解釋的那些論典，會慢慢地靠近佛陀的密意。03'31"

然後師父說：這裡邊有個大問題。什麼樣的問題？接下來可以聽下一段。03'42"

佛，說的法跟他內證的內容，有兩個絕不一樣的地方，這一點我們要認識。他內證的是完全圓滿的，千真萬確，所以就內證這一點來說，沒有一個人能比得過佛。菩薩當然不如，祖師更不如！但是他講的法卻有一個特質，是對不同的根性說的。他對小孩子，就講小孩子的法；對大人，對大人的法；然後對兩千多年以前的人講的法；對我們現在是另外一種法。佛自己是最圓滿的，可是他講出來的法所對的根性，跟你相應不相應？不一定相應，這第一點。不但在時間、空間，都有一大段的距離，在這種狀態當中，這個裡邊就有問題了。04'42"

理論上面我們應該了解，實際上呢，我們也看一下：是，佛說的法是絕對圓滿，千真萬確。因為說得圓滿，所以他對機也圓滿，所以凡是講到哪裡，每一部經典上面，那個當機眾聽完了以後，大乘的，一定是很多人證無生法忍，最起碼的發菩提心；小乘的，得法眼淨、證阿羅漢，這個是佛真正圓滿的結果。表示什麼？那當機就有這樣的功效。假定不當機的話呢？對不起！所以「佛法不應機，等同閒言語」，如果不應機的話，那就是說空話一樣的。現在，我們不幸的是不應機，你看上去不一定有效，儘管你說你有了信心去看，有信心是有信心，你看是看了半天，如果你大乘根性，請問你得了無生法忍嗎？你發了菩提心嗎？小乘的，不要說羅漢果，你得了法眼淨嗎？沒有。那麼表示什麼？這個問題就在這個地方嘛！這事實也是這樣，這個我們要了解的。05'56"

看了這兩段，我提一個問題。師父說：「這一點我們要認識」，請問這一點是指什麼？有想到嗎？對！師父說：「佛，說的法跟他內證的內容，有兩個絕不一樣的地方，這一點我們要認識。」這一小段一開頭就把佛說的法，和佛陀內證的功德分開來談，這一點非常地明晰。接著講佛陀內證的功德，有八個字，看得到吧？「完全圓滿，千真萬確。」接著師父說：內證這一點，沒有一個人比得過佛。接著他說的法有什麼樣的特質呢？師父說：是對不同的根性說的。06'59"

說對小孩、對大人，後面又有一個說對兩千年前的人這樣講，對我們現在的人是另一種講法，你對這點有疑問嗎？兩千年前講的和現在講的在對機上會有差別嗎？我們怎麼去會通這個問題呢？大家可以想想哦！07'25"

我們在看佛經的時候，比如讀《金剛經》、讀《妙法

蓮華經》，有的讀《華嚴經》，讀很多經典，我們都看到
過那上面講比丘、比丘尼、優婆塞、優婆夷，這些聽法眾
都是這樣，說：哎呀！證得法眼淨、證得阿羅漢果，然後
還有發阿耨多羅三藐三菩提心，還有怎樣、怎樣的勝利。
但是我們看了一遍佛經之後，甚至是看很多遍之後，就是
看不懂佛陀在講什麼。08'04"

　　師父說：問題就在這個地方！什麼問題呢？為什麼我
們不會像經典上的那些人一樣——佛在說法的時候他面前
的那些弟子那樣，獲得那樣的證悟力？我們甚至聽不懂佛
陀在講什麼。那聽不懂佛陀在講什麼的我們，又看到了經
典的時候，要怎麼辦呢？你們在心裡困惑過吧？說念《金
剛經》開悟，六祖開悟了、有一些人開悟了，我們《金剛
經》念了很久也開悟不了，甚至學著、學著也不知道學到
哪邊去了，如果沒有一個善知識沿著正確的次第引導自己
的話，我們很難透過讀誦佛經就了解佛陀的密意。08'55"

　　從這個地方可以理解一下什麼叫當機、什麼叫不當
機；不然我們就是在討論：「啊！什麼應機？我是什麼機
也不知道啊！那怎麼辦呢？」那就看看能不能看懂佛經，

能不能證得在佛經上當時應機的那些有情他們所證得的那些果位，我們能不能達到？如果達不到的話，佛說的那段法就是沒聽懂了。09'28"

線上音檔掃描

講次 0229

依菩薩釋論，方能趣入佛陀密意（二）

那如果你問：「我也遇到佛說的那段法了，我雖然沒有親耳聽到佛陀講，但是佛陀把他的法留在經典上，我也是看到了，那我不算應機嗎？」是看到了！比如說現在遇到宗大師教法，我們沒有聽到宗大師親自給我們講《菩提道次第廣論》，但是宗大師也說：思念我、對我有信心的弟子們，可以去看我寫的兩本顯密道次第。佛陀也有這樣的叮嚀，要去深入經藏，智慧如海。00'39"

那看不懂，怎麼深入呢？問題就在這兒，浮面的意思都看不懂，如何深入呢？就像我們一開始，假如沒有人講《攝類學》，就把一本《攝類學》的著作翻譯過來學習，沒人教，看能不能學懂呢？所以現在還是需要有個人幫我

廣論音檔段落　舊版 4A 02:31～05:16
手抄稿頁／行　舊版 1 冊 P98-L8～P99-LL3（2015 年版）
　　　　　　　舊版 1 冊 P98-L8～P99-LL3（2016 年版）

們，對不對？祖師、菩薩的論是怎麼出現的？就是因為有看不懂的人。所以不是說佛宣講了經典之後，這個祖師還要再造論，好像為了填補什麼空缺。如果真的是為了填補空缺的話，那一定是學法的人不明白，所以菩薩、祖師們才來教我們。像文殊菩薩，是七佛之師啊！很多祖師也是佛陀化現的，他就再來教我們，給我們設計更細密的階梯讓我們往上走。01'45"

　　三界有情最深的痛就是生死之痛，生死的根本就是自性執的無明；佛陀出世的目的就是為了解脫眾生的生死，而要解脫眾生的生死，就是要令眾生證達無自性。在所有所有的經典當中，《般若經》以最廣泛的理路探討無自性的道理，因此《般若經》是經中之王呀！《般若經》說：「如是般若波羅蜜多是大神咒、是大明咒，是無上咒，是無等等咒，是一切咒王，最尊最勝、最上最妙，能伏一切，不為一切之所降伏。」佛陀在《般若經》中也叮囑阿難：「慶喜當知！除此般若波羅蜜多甚深經典，受持諸餘我所說法設有忘失，其罪尚輕。若於般若波羅蜜多甚深經典不善受持，下至一句有所忘失，其罪甚重。」這是佛陀叮囑阿難的。然後又說：「慶喜當知！若於般若波羅蜜多

甚深經典，下至一句能善受持不忘失者，獲福無量。」注
意哦！能有一句受持不忘的，就獲福無量。一句和無量
福，差距是多大？還有叮囑說：「若於般若波羅蜜多甚深
經典不善受持，下至一句有忘失者，所獲重罪同前福
量。」就是忘了一句那個罪，也是無量，它這個因果是非
常巨大的！還有說：「慶喜當知！若諸菩薩供養恭敬、尊
重讚歎甚深般若波羅蜜多，則為現前供養恭敬、尊重讚歎
我及十方三世諸佛。」如果菩薩能夠供養恭敬、尊重還有
讚歎甚深般若波羅蜜多，則現前供養——不是觀想，是現
前供養——恭敬、尊重讚歎釋迦佛及十方三世諸佛，供養
《般若經》就等於供養無量諸佛，而且是現前供養，現前
供養得到的福是很大的。04'26"

　　然後又說：「慶喜當知！若諸菩薩聞深般若波羅蜜
多，起殷淨心恭敬愛樂，即於過去未來現在諸佛無上正等
菩提，起殷淨心恭敬愛樂。慶喜！汝若愛樂於我、不捨於
我，亦當愛樂、不捨般若波羅蜜多甚深經典，下至一句勿
令忘失。」大家有沒有看到這一段？《般若經》在佛陀的
心中，是何等的份量啊！他在叮囑阿難的時候用何等殷切
之心啊！如果真的是愛樂佛陀、不捨佛陀的話，那麼就應

該愛樂、不捨般若波羅蜜多甚深經典。而且他的標準——下至一句都不要忘，最好全記得！這是佛陀對我們的殷殷期待啊！05'25"

大家還記不記得以前有講過玄奘大師翻譯《般若經》的那個公案？梵文版的《大般若經》總共有二十萬頌，因為弟子們的勸請，玄奘大師曾經一度想要簡譯，結果晚上就作了很恐怖的惡夢。隔天玄奘大師把夢境告訴大家，決定不要簡譯，當天晚上就夢見佛菩薩眉間放光，有很多吉祥的夢兆。所以玄奘大師不敢刪減梵文，一字不差、完整地翻譯了六百卷的《大般若經》。由此可見對於《般若經》慎重的程度，是多麼地殷重啊！06'05"

《般若經》的內涵非常地廣，我們僅憑自力無法了解，佛菩薩為了令我們了解《般若經》的顯義空性和隱義現觀的密意，所以才有《現觀莊嚴論》、《道炬論》、《菩提道次第廣論》出現於世。這些論是為什麼而出現的？就是為了應我們的機啊！可以極大地、根本性地幫助我們了解佛陀的密意，讓我們在各自修行的緣起點上都有一個下腳處。所以這些論的出現，正是佛菩薩悲心和智慧

的體現啊！而對於值遇這些論的我們來說，該是多麼地難能可貴！06'50"

　　論，具足修改、救護兩種功德——修改我們的相續，救護我們的生死。我們一起好好用功吧！否則何以報佛恩？何以報師恩？何以報父母恩啊？07'12"

線上音檔掃描

講次 0230

廣泛學論，將「斷章取義」變成「恰如其分」

好！我們接著聽下一段。

　　再說，他因為是當不同根性的機，所以這部經典裡面說這樣的一個法門，那部經典裡面說這樣的一個法門，這個法門是整個修行過程當中的一個部分，一個關鍵所在。譬如說《金剛經》那是破空，就是對「著有」的人怎麼樣教你破這個，這樣的觀點。不同的經典有它不同的說法，拿我們如果學不好的話，學了這個呢變成功什麼？斷章取義。這個斷章取義是修學過程當中是最嚴重的，是一個大缺失！所以你不認識這一點，你也以為如此──好、好、好！那麼，必定要經過這個圓滿的

廣論音檔段落　舊版 4A 05:16～07:13
手抄稿頁／行　舊版 1 冊 P99-LL2～P100-LL5（2015 年版）
　　　　　　　舊版 1 冊 P99-LL2～P100-LL5（2016 年版）

教授傳承，說明這個內容，那時候你才曉得：喔，原來
這樣的！教你自己去學是斷章取義，等到這個善巧的解
釋明白了以後，然後用到你身上的恰如其分哪！這個所
以能夠把「斷章取義」變成功「恰如其分」要靠什麼？
要靠這個引導的人哪，這一點我們必須要了解，這樣。
所以這個上面我們要了解：哪、哪！有這個特點在，這
個特點在。要不然的話我們難免會引起誤解，引起了誤
解就失去了大利益！所以他現在說，喔，這個造者殊
勝。尤其這個圓滿的教法，你將來看一下，那個才曉得
它所講的這個殊勝，殊勝到什麼程度，為什麼它這個法
這麼好！這個對我們是有一個非常重要的一個基本的認
識！02'04"

　　問大家一個問題：不同的經典它會闡述不同的法門，
舉了《金剛經》說對「著有」的人，要怎麼樣地去破他這
個執著。然後接著說：「不同的經典有它不同的說法，拿
我們如果學不好的話，學了這個呢變成功什麼？」師父有
四個字，還記得吧？「斷章取義」。那麼斷章取義，師父
又說是修學過程中最嚴重的什麼呢？對！一個大的缺失。
如果不認識這一點，我們可能還會以為沒有問題——好、

好、好。但是要怎麼樣能夠避免這個大的缺失呢？師父說：「必定要經過這個圓滿的教授傳承，說明這個內容，那個時候你才曉得：喔，原來這樣的！」03'06"

這裡邊揭示了一個問題，說：自己去學的話，師父說會學成斷章取義；善巧者為自己解釋了之後，用到自己的身上才叫恰如其分。那麼從「斷章取義」到「恰如其分」，中間的過渡最重要的是要靠什麼呢？「要靠這個引導的人哪！」接著師父又說：「這一點我們必須要了解。」「要不然的話我們難免會引起誤解」，引起了誤解之後，誰失去了利益呢？我們會失去非常大的利益！03'53"

像這一點，賽倉大師在他所著的《中觀筆記》中說：「最初沒有聞思就修習奢摩他」，沒有聞思就開始直接修定。「要生起也並不是很困難，一、兩年就能生起」，修定也不是很困難的。但是賽倉大師接著說：「但是壽量無法確定，無法將奢摩他轉為道用便死亡的話，由於奢摩他的力量會投生於色界等處，對於異生來說那裡是無暇處，是不好的！」04'27"

　　像我們一開始學習的時候都很想學打坐。我當初也是，非常非常想學習打坐，認為打坐就像佛陀那樣可以開悟，開悟就可以解決很多問題，尤其是解決生老病死。但是到底死結結在哪裡？悟——到底悟什麼？都是不知道的，以為一打坐就可以解決。04'49"

　　其實我們學習〈奢摩他〉、〈毗缽舍那〉的時候，就知道從止到觀它的問題一層一層的，是非常非常嚴謹的一個次第。但是如果一個最初的入門者什麼都沒有聞思，就去學習奢摩他的話，可能並不了解真正要修學奢摩他的意義。甚至到最後會把奢摩他看成是慧分——它是定分，結果看成是慧分；甚至有的人連奢摩他沒生起也不知道，以為就是生起奢摩他。這裡舉的還是生起奢摩他了，但是奢摩他沒有轉為道用，他只是來生投生在色界了，結果對於一個凡夫來說那裡還成了無暇處——投生色界之後沒法修行了，所以是不好的！05'35"

　　所以一定要透過聞思確定教法的扼要，不是一開始就要修定，大家都知道這個特點。一開始要透過聞思確定教法的扼要，之後要修持不共外道的奢摩他，這是個特法。

但是不了解這個特法的人會覺得這是個缺點，好像怎麼都不修定？先廣大聞思，然後把修定轉為解脫生死的這個力量，而不要成為一個投到無暇處的力量，這樣的話，對我們來生來說沒有什麼太大的幫助。所以賽倉大師在他的《中觀筆記》裡這樣的一段說法，恰恰是說中了我們很多人的心病吧！大家可以捫心自問一下。這就是一種教授，這就是一種有祖師、菩薩的教授的特點。06'26"

像妙音笑大師在他所著的《大中觀》中也說：「想成為智者與不讀大經大論，這兩者是自相矛盾。因此，應該了解到以此開啟慧眼，進而仔細地抉擇宗大師父子的論著，那麼一切智智就在手中。」這都是智者所說的話，為什麼要去聞思，要去了解這麼多？乃至我們要學《廣論》的時候，還要學為了顯示法的根源開示造者殊勝，為什麼要學這些？06'59"

再舉一個例子，在宗大師所著的《入中論善顯密意疏》中也說過：「因此大乘行者，如同《中論》中所說，對於成立一個事物的無諦實，也是用無邊不同能立的正理來成立的，所以對於真實義而言，智慧是非常廣博的；對

於小乘行者，他用簡略的正理，以量來成立真實義，也不
會像大乘的行者那樣修持，所以對於真實義而言，智慧並
不廣博。因此才會提到廣略修持無我、圓不圓滿這些差
別。之所以會有這樣的差別，是因為聲聞、獨覺只是為了
斷除煩惱而精進，只要證得真實義簡略的意涵就夠了，不
用學太廣；而大乘行者為了要斷除所知障，必須要對真實
義增廣智慧，而令智慧極為廣博。」07'56"

　　像宗大師在《入中論善顯密意疏》裡，乃至妙音笑大
師、賽倉大師的這些觀點，如果我們不廣泛地學論，是不
會得到這樣的見解的。我們自己看經典，會得出這樣的見
解嗎？任何一個內心的迷惘、對於經典的誤解之處，都會
把我們陷溺在那裡，可能還不是陷一生。我們自己陷在那
兒之後，可能覺得自己的見解是正確的，還會去跟別人宣
說，把別人也引導到一個險處。08'26"

　　所以能夠學習這些祖師們寫的論典，尤其是對佛經引
導我們凡夫如何次第而進，進而走大乘、了解空性。什麼
時候修定更為恰當，祖師們做了非常精確的一個抉擇。所
以對我們這些後學來說，能讀到這樣的就少走多少年的彎

路，是非常非常幸運的！08'53"

所以師父說：「為什麼它這個法這麼好！」一提到宗大師的教法，師父常常都是非常非常地感動、非常非常振奮地給我們說：「這個法實在是太美了！」因為這裡邊有無邊的正理抉擇，就像配好的藥一樣，拿來吃就可以了，不用我們再去找，萬一找錯了就麻煩了！所以一定要為自己能遇到這樣清淨圓滿的教授，在心裡悄悄地鼓掌，然後感恩佛菩薩。09'26"

如果沒有宗大師寫《廣論》的話，我們深入經藏，把佛陀所有的《大藏經》讀一遍，能不能讀出三主要道？能不能讀懂空性？甚至能不能讀懂大乘發心對於成佛次第的重要性？乃至先聞思，還是上來就修止，哪個對我們更好、更划算呢？祖師幫我們抉擇完了，我們學習得是不是輕巧多了呢？儘管我們可能會對這樣的抉擇說：「是這樣嗎？」你再去看看經典，看能不能得出比宗大師、比妙音笑大師更精彩的結論呢？10'01"

講次 0231

運用有限智慧，抉擇善知識的標準（一）

那麼還有一點，因為我們要想修學的時候，必定有一個特質，因為我們是個凡夫。假定說我們成了佛的話，我們不是修學，我們教別人；我們只是凡夫，了解了這個苦要去學，所以我們的的確確，雖然學的人說應該有辨別的能力，可是這個辨別能力的確不強。那麼這個時候根據這個什麼？根據真正有成就的世間，或者在我們這個圈子裡邊，經過了時空考驗以後，經過這個如理抉擇以後，肯定他的價值的，那個是我們認定的一個標準。本來這種認定的方式，本身是並不圓滿，但對我們來說，也只能用這個；我們找人說，大家都說這個人好的，你也好的。那麼然後大家說的當中有兩種：有一

廣論音檔段落　舊版 4A 07:13～08:42
手抄稿頁／行　舊版 1 冊 P100-LL4～P101-L6（2015 年版）
　　　　　　　舊版 1 冊 P100-LL4～P101-L7（2016 年版）

種壞的人說好的，這個不一定；有一種是好的人說好
的，那大概就可靠。好的人當中又是智慧的人說好的，
那他跟智慧一定相應；有很多人福德的人說好的，那這
個人跟福德一定相應。這個是我們抉擇我們要跟的這個
善知識的一個重要的條件。01'32"

　　在這一段大家可以想一下，師父開始說：「因為我們
要想修學的時候，必定有一個特質」，這個「特質」是什
麼呢？接著師父說：「因為我們是個凡夫。假定說我們成
了佛的話，我們不是修學，我們教別人；我們只是凡夫，
了解了這個苦要去學。」短短的這幾行，涵義很深喔！想
要學的時候我們必定有一個狀況，就是我們了解了這個
苦，然後要去學。師父說假定成佛了的話，就去教別人，
不用學了。02'31"

　　那麼「的的確確，雖然學的人說應該有辨別的能
力」，因為沒有辨別的能力就沒法學了，可是這個辨別的
能力到底有多強呢？師父怎麼說？「辨別能力的確不
強。」又是凡夫，有一點辨別能力，然後這辨別能力又不
強。「那麼這個時候根據這個什麼？」我現在要問大家一

個問題：「這個時候根據什麼」，這句話是問什麼的？從我們因為了解苦要去學佛法，但是辨別能力不是很強，要根據什麼、做什麼呢？同學應該想到了吧！要有一個根據去選擇善知識，對吧？03'32"

因為在前幾段的時候大家有學過，師父說：我們要學任何一樣東西，一定要跟一個自己有正確認識的人學，這樣才能學得好。就佛法來說是不能夠有任何的錯誤，佛法本身是否清淨絕端地重要。那麼想要得到清淨圓滿的教法的話，引導我們本身的善知識的條件就是決定因素，所以我們總得有一個根據去選、去學習。師父在此處提出的問題非常非常重要，非常精彩的提問！04'16"

根據什麼呢？根據真正有成就的世間，或者在這個圈子裡邊經過考驗之後，如理抉擇，肯定他的價值的，那個是我們認定的一個標準。還是有一個標準可以衡量的。經過時空的考驗、如理抉擇之後肯定他的價值；就是已經穿越了很長時間，他的價值還是像天上的星星一樣璀璨無比的。04'48"

「本來這種認定的方式，本身是並不圓滿，但對我們來說，也只能用這個。」這句話怎麼理解呢？比如「我們找人說，大家都說這個人好的，你也好的」，注意！在這個好中有兩種：一種是壞的人說是好的，這樣不一定；一種是好的人說是好的，那大概就可靠。在我們這個根據裡再去分一下，有了那麼長的時空印證之後，好人說的好的，在好的人當中又是有智慧的人說好的，那麼一定是跟智慧相應的；如果有很多福德的人說好的，那跟福德一定是相應的。這個是我們抉擇我們要跟的善知識的一個重要條件。05'40"

這一段從前面看過來的時候，有一些同學會跟我說：「看到這一段非常奇怪，師父為什麼又轉過來講這個呢？」因為前面已經都講了，對我們非常非常重要的善知識、傳承清淨啊，講到那邊；然後突然又講到我們自己了，前面不是已經講過自己了嗎？這邊又講到自己了。講到我們自己講到什麼程度呢？就是好像慧力也不是很高、抉擇慧也沒有多少，在這樣的狀態下要怎麼去抉擇呀？所以師父在這裡邊列舉了幾個標準。不知道大家覺得這樣的標準能不能用得上呢？是不是很實在呢？06'22"

講次 0232

運用有限智慧，抉擇善知識的標準（二）

　　我舉一下祖師的例子。像賈曹傑大師所著的《釋量論顯明解脫道疏》有了這樣的一個提問，大家可以聽一聽，看跟師父在這一段講的有什麼關係。說：「那麼，在做了這樣的觀察的時候，是在認他為導師之前，就知道他有證達解脫道的功德嗎？還是在這之前是不知道的？如果已經知道了，那就表明自己已經了解滅苦的方便了，所以再去尋求他就成為無義了！假設不知道就去依止，那就是還不能辨別誰是所應依止、所不應依止的，理當最初遇到什麼人就依止誰。」這樣的一個疑問——一定要選擇一個這麼殊勝的導師去學，但是我們怎麼樣去了解他的功德？問題有聽明白吧？01'18"

廣論音檔段落　舊版 4A 07:13～08:42
手抄稿頁／行　舊版 1 冊 P100-LL4～P101-L6（2015 年版）
　　　　　　　舊版 1 冊 P100-LL4～P101-L7（2016 年版）

　　這樣會不會有過失呢？回答：是沒有這樣的過失的。「我這裡所說的是具有觀察的人尋求知識的軌理，他在最初的時候，用正量曉達粗分的義理，並且以伺察意了知其些許細分功德，然後又詢問他人，並且透過共許，也能得知那一部分。」跟師父在這一段講的是不是差不多？抉擇慧沒有特別特別地多，但是有伺察意——就是師父說有那麼一點智慧。「了知其些許細分功德，然後又詢問他人」，大家共許出來，經過了時空考驗的，有智慧的人選擇的、又是有福德的人選擇的，「透過共許也能得知那一部分」。是不是一樣的？這是賈曹傑大師對這個問題的設問和回答。02'16"

　　再看貢唐大師所著的《辨了義不了義善說藏釋難論》中，也做出了同樣的結論：「所以在最初的時候，雖然還不能以正量證達他具足通達實性的功德，但是也要透過經中所說通達空性相的身語行誼，以及觀察他所宣講的教理，一方面自己觀察，同時也詢問於他人，然後發起信心而依之為師。」這一點是要透過經典去觀察。透過經典還是有那個問題——同樣是研究經典，有的人研究得深，有的人研究得淺；智慧深的人就會研究得深，智慧淺的人就

會研究得淺。所以還是必須得用伺察意觀察，同時也詢問他人。賈曹傑大師和貢唐大師同時提到了這一點，師父也在此處提到了這一點。03'15"

這段話如果師父不在此處幫我們考慮的話，不知道大家會不會覺得為難，或者有些人就略過去了？因為要選擇善知識，選擇之後就一直要修信念恩，不能改變，要跟隨他修學，所以只有一點點智慧的時候，怎麼樣去相應這件事情？師父用這麼簡短的一句話，給了我們這麼明晰的準則，不知道諸位心裡有沒有一個震動？03'49"

可能這段話不仔細講的話，會覺得好像講的就是挺普通的一件事情，但是再看一看祖師們在論典中所設問和回答的，就知道他還是在討論一個量則的問題。當我們在擁有這一點點慧力，又有福報可以詢問到那些有智慧的人的時候，我們是否可以依止到真正的善知識？應該是可以的！04'16"

廣海明月

——道次第廣論講記淺析

第五卷

令於教授起敬重故
開示其法殊勝

線上音檔掃描

講次 0233

心中很大的「我」，用恭敬來對治

　　現在這地方，他下面就把這一點的行相指出來。所以我們目前，雖然不能認識佛法本身的內涵，沒有殊勝辨別善惡的能力，可是我們卻有世間上面這種的共識。所以他現在拿這個共識來告訴我們說：「啊，對、對、對！這個才是。」於是啟發你的恭敬仰望一心想學，你就學對了。有了這個標準以後的話，那個取捨就取捨對了。00'38"

　　接下來這一段師父就結論說：雖然不能認識佛法本身的內涵，沒有殊勝辨別善惡的能力，可是我們卻有世間上這種共識。拿這種共識來告訴我們的話，也可以啟發我們的恭敬仰望、一心修學這樣的心。師父接著就肯定說：那

廣論音檔段落　舊版 4A 08:42～10:01
手抄稿頁／行　舊版 1 冊 P101-L7～P102-L1（2015 年版）
　　　　　　　舊版 1 冊 P101-L8～P102-L3（2016 年版）

就學對了！「有了這個標準以後的話，那個取捨就取捨對了。」所以不是因為自己只有一點點智慧，然後碰到誰就跟誰學；或者因為我也不知道怎麼回事，所以索性誰也不跟誰學，就自己讀自己的。還是要去就師父給我們的共識，運用自己的抉擇慧，運用所學的教典，加上這幾點一起去抉擇。所以在這個階段內，師父會告訴我們怎麼樣地運用自己所具有的這個能力，去選擇依止善知識，這點經驗對我們來說至關重要！01'49"

這裡邊還有一個問題：拿這個共識來告訴我們的話，會啟發我們的信心。大家覺得是這樣嗎？共識——很多人都承許的那種功德，對我們自己來說是沒有的，所以一定會啟發我們恭敬、仰望的心想要跟他學，有這個心就會被善知識所饒益，大家想一想是不是這樣的？02'25"

所以在課下談論，還有在自己的思想自由馳騁的那個空間，如果我們常常注意到去思惟佛菩薩的功德、善知識的功德，這樣我們開口說起來也是這些，達成了這些共識；也可以讓那些剛剛開始學佛、不知道怎麼回事的人，他們聽一聽之後，就生起對佛陀、對教法的嚮往，然後就

找到了這條路，所以這是一件對自他都有好處的事情。如果我們善於知道最基本的善知識德相的條件，在內心裡數數地憶念，然後行之於身口的話，對自己和周遭的人，還有對剛剛學佛的人一定是有一個很好的影響。就想：假如那個剛剛學佛的人是你我呢？如果聽到這樣的嘉言，不就是沿著這樣的言論找到宗大師教法了嗎？03'25"

好！我們再聽下一段。

那麼第一步呢，說這個要去學；這個修學佛法，要一個重要的特點，要什麼？恭敬心。平常我們最大的障礙，都是說：「哎呀，我有業障啊！」業的中心是什麼？「我」。我的特質是慢，當你有一個慢的心，這慢總歸是我總覺得最精采。平常所以我們跟人家聊天也好什麼，自己總是自己的意見總是對的，因為你有自己的意見，那個障礙在那裡，別人的東西就進不來。假定你是了解對方的高明，他告訴你方法的正確，你那個時候，心裡面就把慢心就降低了。這個慢心對治它一個非常好的方法——恭敬。04'11"

接著說我們要去學了，修學佛法有一個最重要的特點，記著吧？這個特點是什麼？這個特點居然是恭敬心！大家想：欸，學習佛法好像最重要的是信心吧？但師父此處講了「恭敬心」。師父先講了它的反方——恭敬心的障礙是什麼？平常我們最大的障礙就是：「哎呀，我有業障！」「業的中心是什麼？」就是這個「我」呀！就是自性執的我。「我的特質」，師父在此處說「是慢」，我們怎麼觀察呢？就是當有一個慢心的時候，「總歸是我總覺得最精采」。平常觀察的時候、聊天的時候，聊什麼呀？師父在這裡邊用了兩個「總」，「自己總是自己的意見總是對的」。「因為你有自己的意見」，會產生什麼問題呢？就障礙在那兒，所以別人的東西就進不來。05'15"

那怎麼對治呢？就是我們認真地聽一聽別人高明在哪裡。一旦聽到別人比自己高明的地方，那麼我們再了解到他告訴方法的正確性，這個時候心裡面的慢心就會降低了。所以慢心用什麼來對治啊？大家說磕大頭，都說：「我磕多少輪了、磕多少輪了！」計數當然是非常非常好的，但是有沒有觀察一下，磕了這麼多輪小禮拜或者大禮拜之後，我們的慢心是否降低呢？還是因為我磕了這麼多

頭，反而生起了慢心：「看！我磕了這麼多頭，你都沒有磕！」注意！是降伏我慢的。降伏了我慢會出現什麼？才會有恭敬啊！有恭敬才會好好地學。06'10"

　　所以師父在這裡邊再去引申：當我們就世間共識的功德了解了之後，生起了向上仰望的心，那還差什麼呢？師父又進一步剖析我們內心中那個「我」呀！很大的那個「我」，要用恭敬來對治。怎麼辦呢？就要聽得進去別人的功德比自己高明之處，不能自己有一個東西老是塞在那個地方，什麼也進不來，這樣的話怎麼進步呢？所以這一段層層深入地引導我們的心，要朝向恭敬的方向。其實我們已經在被師父的法語調伏了，一點點地調伏。07'00"

線上音檔掃描

講次 0234

愚癡，最大的原因是不恭敬

所以他第二步說這個：啊，不但這個造的人這麼殊勝，而且造的法這麼殊勝，「啊，這麼好！」於是你一心仰望，於是那恭敬心提起來，那個時候你就能夠正式修學佛法。所以他在正式講這個法之前，先把這個法的殊勝說一下，啟發我們對這個法的恭敬。我們平常所以愚痴，最大的原因就是不恭敬，所以當你恭敬的時候，一方面眼前修學佛法，是一個最大的推動的力量，障礙減少，同時呢以前的宿障也能夠淨除，這個是一個很重要的原因！00'49"

廣論音檔段落　舊版 4A 10:01～10:47
手抄稿頁／行　舊版 1 冊 P102-L2～P102-L7（2015 年版）
　　　　　　　舊版 1 冊 P102-L4～P102-LL7（2016 年版）

　　這樣很快地聽一遍，如果你們課下沒有去聽師父的帶子的話，聽完能很快地了解嗎？要重複地聽哦！01'01"

　　前面推論這麼多，說到底有沒有智慧呀？沒有智慧怎麼辦呢？能不能依止到善知識？然後，師父講到這裡了：哎呀！不但造的人這麼殊勝，而且造的法這麼殊勝，這麼個好法，所以我們一心仰望，恭敬心就提起來。造者殊勝、法殊勝，為什麼講這兩點？其實是為了降伏我們的慢心，讓我們知道依止的善知識是怎樣的，從而提起恭敬心，因為佛法要在恭敬的狀態下才能很好地修學。所以師父把這個來龍去脈講得很清楚。01'38"

　　很多年前，很多人可能沒有習慣學很多教典的時候，能有著這樣非常非常善巧，還把我們內心中的那種疑問能夠答出來的善知識，是不是很幸運啊？所以在這個時候，師父說在正式講法之前，要把法的殊勝說一下，啟發我們對法的恭敬。接下來一句話，「我們平常所以愚痴，最大的原因」是什麼呢？師父在此處說：「是不恭敬。」大家內心裡會覺得是這樣嗎？我愚癡是因為不恭敬嗎？你們可以討論、討論。02'25"

　　其中一點，我會發現特別愛學習的人確實他會在很多境界裡都想要學；想要學的話，就會注意別人哪個地方比自己超勝；對教典的理解，還有行持的部分，什麼樣的品德是比自己超勝的，他就很注意去看別人生命裡最閃光的部分。如果一直很我慢的話，是看不到別人比自己超勝的部分；他沒有那樣我慢的心，懷著恭敬心去看的話，一定會看到很多很多閃光點，看到了之後他就會去學，學久了之後，能不成為智者嗎？還會那麼愚癡嗎？所以如果師父不做這樣的連結的話，很難想像自己一個不恭敬的身語意狀態會導致愚癡，甚至越來越愚癡嗎？我們可以捫心自問一下。03'32"

　　那麼恭敬的心態，師父說：「一方面眼前修學佛法，是一個最大的推動的力量，障礙減少，同時呢以前的宿障也能夠淨除。」什麼叫推動的力量，而且是最大的？為什麼恭敬心成為一個最大的推動的力量呢？大家想一想：我們最大的推動的力量應該是好樂心嘛——我喜歡，為什麼是恭敬心呢？我問大家一個問題：如果是我喜歡的話，那喜歡什麼呢？比如喜歡學佛法的什麼呢？教給我們的眼界，對吧？我們怎麼樣去看待一個問題。一旦我們去看自己的時候或者看他人的時候，這種眼界一定就會合乎於恭敬的。因為不恭敬的話，跟佛法整個的見解都是不相符順的，學著、學著就沒有意思了。04'49"

大家考慮、考慮：當我們去拜佛沒有感受的時候，當我們去學經典沒有感受的時候，當我們去聽佛法沒有感受的時候，請問是不是恭敬心出問題了呢？我們面對佛像的時候，心裡沒有什麼感動，是由什麼導致的？比如說看到觀世音菩薩的像、看到釋迦佛的像，那種從寺院很遠的地方就想要跑過去，然後跑到佛像前就想一下子拜下去，非常歡喜和虔誠地看著佛像，那個心慢慢地模糊了之後，我們到底要怎麼樣去把它修起來呢？05'32"

要想一想、憶念佛陀的功德，想一下：釋迦佛為悉達多太子的時候，怎麼樣地離開了王宮進入了苦行林？他從一個怎麼樣的生活狀態，進入到了赤著腳、托缽，什麼都沒有的一個修行者的狀態？他不是一般的王公貴族，因為他就是未來的國王，他棄捨的東西和他想要得到的東西，如果棄捨的比得到的更多的話，那不是做了一個顛倒的選擇嗎？一定是在自己的生活降到不能再低的水準的時候，他的精神得到了前所未有的豐美、大樂、大自在。那麼在這其中，進入苦行林，費了那麼多辛苦的修行，得到了佛法之後為我們宣講佛法，這一切的辛苦，我豈能站在他面前對他無動於衷呢？06'37"

線上音檔掃描

講次 0235

恭敬心是學佛最大的推動力

　　所以當我們觀察到自己內心中對於佛陀、對於經典的麻木和平淡的時候，要現起對治，要去尋求為什麼會變成這樣？是不是失去了最大的推動的力量——恭敬？那麼恭敬是由什麼生起的呢？是不是要知功德、知恩德，才會生起這樣的恭敬？這個時候，由念恩、念功德的心去憶念的話，內心的敬意自然就油然而生。因為我們如果不是對佛陀有很深的一種感動、被他的教誨所牽引，我們也不會走到這裡來。對不對？所以當那個心慢慢地模糊之後，要再令它清晰。00'48"

廣論音檔段落　舊版 4A 10:01～10:47
手抄稿頁／行　舊版 1 冊 P102-L2～P102-L7（2015 年版）
　　　　　　　舊版 1 冊 P102-L4～P102-LL7（2016 年版）

那麼修學了一段時間沒有什麼進步，這句話可不可以來觀察一下自己？為什麼都沒有進步？是不是因為失去了恭敬心？或者沒有注意修學恭敬？因為師父在此處說：「眼前修學佛法，是一個最大的推動的力量。」而且會減少障礙，因為不恭敬的話會滋生很多煩惱。01'13"

舉個最簡單的例子：我們常常說在廣論班的時候請大家要做善行點滴，大家都講一下你在這一週做了哪些善行。有的時候班裡的同學難免有一些小小的誤會或者磕磕碰碰，甚至家裡邊有一些事情，到班裡不太高興，看別人不太順眼。可是到善行點滴的時候，大家就會側耳傾聽，非常認真地聽他做了什麼樣的善行。聽著、聽著就發現，在一瞬間就會對那個人改觀，因為發現：哇！他心裡這麼善良都是我不了解的！一瞬間就清除掉了。然後就會重歸到對那個人的禮貌、恭敬的狀態。02'00"

另外，師父又提出：「同時呢以前的宿障也能夠淨除。」有很多這樣的公案，不是有一個人說他的壽命不太長了，就問佛怎麼辦？佛就要他對著一個城門天天去磕頭，那個城門進來的每個人他都要去磕頭。結果有一天就

磕到了他的怨家，他的怨家本來找他算帳，一看他在磕頭就饒了他。這也算是一個淨化宿障最典型的例子。所以如果我們能夠對其他人抱持著恭敬心的話，那麼是不是可能該成熟的惡緣，由於恭敬的緣故就沒有成熟了？02'42"

由於我們想要恭敬佛菩薩、想要恭敬善知識、想要恭敬教典，因為這都是我們需要恭敬的，所以我們就非常努力地在內心中修持恭敬，慢慢地就能夠恭敬身邊的很多人。由於恭敬的緣故，我們現行的障礙會減少很多，而且還可以減少宿障——過去的障礙，這是一件很美的事情！03'08"

師父花了這麼大的篇幅來講為什麼要講「造者殊勝」？為什麼要講「法殊勝」？就是為了引生我們的恭敬心，讓我們不要那麼我慢，我慢擋在那兒什麼都進不來。而且又講了恭敬是這麼美好的一件事情，它是一個學佛法最大的推動力，不僅僅現行的障礙能夠減少，還能夠淨化以前的障礙。所以當我們在學到「造者殊勝」和「法殊勝」的時候，我們就會得到師父所說的這些利益，大家一定要好好地學！03'42"

　　談到愚癡的話，大家可能覺得它的正對治應該是成為智者；要成為智者，就是深入經藏、多學教典。那為什麼是沒有恭敬心成了愚癡呢？大家可以作廣泛的討論。其中有一個理路是：很多教典都在宣說佛菩薩的功德，比如說講菩薩幾地、幾地的功德，我們可以看自己有沒有？甚至大阿羅漢的功德。舉個最簡單的例子：對上師生起殊勝信心的那種樣子自己有沒有？教典全部都是在講超勝於自己現行的那種功德，當我們去學習的時候，處處觀察一下自己，就會發現：哇！有這麼多的先賢、聖人在我的生命中，我豈能自己覺得自己很了不起、不好好學！04'44"

　　像師父在教我們的時候，他不是站在一個高高在上的師父的角度。在師父的日記裡，比比皆是都可以看到他是那麼謙恭，像很小的小學生那樣一個狀態，每天對佛菩薩啟白，傾訴他內心的虔誠，小心地檢討著自己三業哪裡、哪裡有問題，一絲不苟地檢查。看到了徹骨地虔誠和徹骨地恭敬，一位皎潔比丘的形象，師父講的其實和他的行持是一樣的，也和教典的依據是一樣的。05'28"

　　所以在這點上，如果我們稍稍用理路去推演一下，結

合自己的內心，如果能把念頭、把知見轉了的話，師父講
的這一小段教誨，一定會對我們此生乃至生生世世產生非
常大的影響，甚至徹底改變我們！05'50"

廣海明月

——道次第廣論講記淺析
第五卷

如何講聞
二種殊勝相應
正法

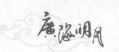

講次 0236

觀察疏忽講聞軌理的心行相

　　以前在求法的時候，會常常感到求一個法是非常不容易的，要花很大的努力才能求到。在聽法的整個過程，每天、每天的狀況不一樣，以前在五臺山聽《入中論》的時候，會遭遇到很多很多的狀況，有的時候生病算是一例；就是不生病，也會有一些交通啊，或者突然這裡出問題、那裡出問題，讓你不能夠在聽法之前內心很安靜。00'37"

　　這個時候聽法的時間到了，你要準時到寺院去上課。在上課的時候，因為那件事衝擊力很大，比如說在五臺山的話，住的那個小旅館說：「啊！你今天不能住這兒了，要搬家！」又沒處搬，拖著行李，行李就放在外面，然後

廣論音檔段落　舊版 4A 10:47～11:30
手抄稿頁／行　舊版 1 冊 P102-L8～P102-LL3（2015 年版）
　　　　　　　舊版 1 冊 P102-LL6～P102-LL2（2016 年版）

在裡邊聽課，也不知道聽完之後去住哪裡。所以在這樣的狀態下，怎麼樣能夠在善知識的法音一響起來之後，我們就全神貫注在聽法，暫時地棄捨現世？這還是源於對法非常熱烈的一個希求心。01'21"

這個希求心是很奇特的，就是你非常、非常想聽法，但是偏偏在聽法之前出了一個事情佔據自己的心，波瀾起伏了一下，這件事還沒處理完，聽法的時間到了，能不能非常快速地轉移到這個法的善所緣上，那件事就好像沒發生一樣，被接下來法的續流排到後面去了？不然就會坐在法會中心馳餘處，不管善知識講得多麼精采，我們的心總是攀緣在剛才發生的那件事上，在盤算著怎麼解決、怎麼收場，甚至一直在調伏自己的某一種情緒。等到調伏完了之後就下課了，這節課就沒有聽到。雖然向內調伏也是很好的，但是這節課的內容卻沒有學到，還要自己補課！02'13"

那麼怎麼樣練到一聽到善知識的法音就立刻被這個法音所吸引，其他自己所想的那些緣突然好像消失了一般呢？我認為是源於熾烈的歡喜心和希求心。當我們特別特別歡喜的那件事出現的時候，我們的眼裡、我們的心裡就只有那件事，其他的不愉快、其他的傷痛，甚至身體的病痛，在聽到法的時候好像都停止了。所以法對於有希求心的人來說，確實有一個很深的療癒作用、轉移作用，會讓傷痛停止，會讓焦灼停止。全神貫注在聽法的時候，實際上就會同時產生一種愉悅和療癒。這是就很淺的部分來說。03'02"

那麼對法的希求心是怎麼生起來的呢？大家可以想一想這個問題。當我們有了那樣的一個希求心之後，我們就可以受用這個希求心所帶來非常現實的利益——你一聽到法之後就開心，一聽到法就好像把人世間所有的痛苦都忘記一般，真實地體會到法的拔苦與樂的作用。所以那一點是滿真實的！03'31"

大家只要在希求心上作非常真誠地探討，不要思惟個幾天、操練一下，然後就放置在一邊——在沒有生起強烈地希求心的時候就放著，或者認為自己生不起來；什麼事情都是透過串習生起來的，何況這是一個真實可以生起來的對境，又不是一個欺誑的法。所以非常希望大家能夠常常地練習，讓自己的心去希求於正法，在聽法之前好好地作前行。04'06"

好！那我們現在就聽師父繼續講。04'12"

那麼說，哦，有這樣的殊勝的造論的成就者，造了這樣殊勝的這個解釋的法。下面哪，還要一個道理——對於這樣的殊勝相應的法怎麼樣聽、怎麼樣講。你在這種狀態當中才跟它相應，否則的話這個還不相應，這個還不相應。那麼這個第三點，平常往往疏忽掉了，實際上這一點非常重要，非常重要！這個詳細的內涵，講到第三點那部分自然會有很清楚明白，很清楚明白。04'58"

在這一段師父說：「有這樣的殊勝的造論的成就者，造了這樣殊勝的這個解釋的法」，就是前面那兩個科判。接下來進入第三個「**如何講聞二種殊勝相應正法**」。「還要一個道理——對於這樣殊勝相應的法怎麼樣聽、怎麼樣講。」注意！可能新同學不是特別熟，老同學已經非常熟，就是「怎麼聽、怎麼講」，「你在這種狀態當中才跟

67

它相應，否則的話這個還不相應」，師父又說一遍「這個還不相應」。當我們遇到了一個殊勝的法，我們都習慣去跟善知識求法。求法的時候好像心力還滿猛的，想求一些沒聽過的，對沒聽過的法都很有希求心。那麼求了法之後，對於自己怎麼樣地聽是否做過詳盡的規畫呢？有沒有想：求法的機緣成熟了，善知識非常歡喜地答應給我們講的時候，如果由於怎麼樣地聽沒有做詳細的規畫，那師父說在這種狀態中是還不能相應的！06'15"

接著師父說：「那麼這個第三點，平常往往疏忽掉了。」我想問大家：是誰的平常？師父在說誰的平常往往疏忽掉了？是指知道道理的人，還是指不知道道理的人疏忽了呢？你們的答案會是什麼呢？不知道道理的人能疏忽它嗎？不知道世界上有怎麼聽、怎麼講的規矩。像以前沒有學《廣論》的時候怎麼聽？我們大概就是專心地聽、不要走神，就知道這些。那麼學了《廣論》之後，我們知道聽聞軌理的那麼多要求。07'01"

所以大家會覺得這是對於知道道理的人，還是不知道道理的人呢？師父說：「平常往往疏忽掉了」？誰的平常？是我們自己的平常嗎？拿這句話向我們的心去觀察的話，「疏忽」兩個字是什麼意思呢？現在怎麼講的，是不是沿著說法軌理那樣說的；聽法的，是不是沿著聽法軌理那樣聽的？那麼「疏忽」是什麼意思？疏忽是已經知道了還是不知道呢？07'42"

疏忽！舉一個很簡單的例子。假如一個手術室的大夫，他在進手術室之前都要進行嚴格地洗手，最後要戴上手套。他洗了手之後，是不能用他的手推開手術室的門的，必須用他的身體、用肘讓那個手術室的門打開，因為他的手已經洗過了。為什麼這麼嚴格地要把手洗乾淨，這個情節一定要這麼被重視呢？因為如果一開始手沒有洗乾淨、其他的器具沒有消好毒，那麼這個手術就有可能失敗。失敗是什麼意思呢？就是你把該割掉的都割完了之後，實際上這個人是活不過來的！為什麼呢？因為中途發生了感染。那麼為什麼發生了感染？就是跟之前沒有好好洗手有關係。所以手術室的大夫進入手術室之前的那個洗手的動作，就變得非常地重要！它是不可以被忽略、不可以被疏忽掉的，因為一疏忽之後，後面就是人命，整個全部都失敗了！08'58"

　　這是非常重要的一個成分，是不能被疏忽掉的。像你出門去其他國家，護照丟了，那就問題很嚴重。所以「疏忽」是一個非常重要的事情、應該天天記得的事情，可是由於疏忽的原因它就不見掉了。不見囉！師父說：「實際上這一點非常重要！」又一個重複：「非常重要！」09'25"

　　到這裡，我們可以觀察一下自己：當我們每一次開始去聽法的時候，我們會不會還在「如何講、如何聽」的這一點上，非常認真地，就像手術室的大夫一樣詳盡地洗手，做這個準備？會不會這樣？09'44"

　　我問完了這個問題的時候，你能清晰地想到自己疏忽的現行嗎？比如哪一次聽法自己是疏忽的？自己疏忽的那個心和行相是什麼，能抓得到嗎？不然就變成說：「啊，我總是疏忽！」這樣一個大概的對自我的檢查，下次應該也沒有什麼改變。疏忽的行相到底是怎樣的？心態到底是怎樣的？會出現怎樣的動作、怎樣的神情？那麼不疏忽的樣子又是怎樣的？腦海裡有沒有清晰的行相？這一點，我認為也很重要！因為如果我們不去詳細地尋找的話，疏忽

的樣子到底是什麼，我們並不認得；如果把非常非常重要
的一個步驟疏忽掉的話，我們可能整個修學佛法都失敗於
此，所以這個問題是非常非常重要的一個問題！10'50"

線上音檔掃描

講次 0237

提起對講聞軌理的重視

師父舉了例子，大家可以聽一下接下來師父所講的。

00'10"

這地方我不妨舉一個簡單的例子來說明一下，譬如說我們現在要到哪一個地方去——當然我們現在是要從凡夫地跑到佛地，那麼這個都是精神上的、哲理上的——我們現在用一個眼前看得見的，事相上的這個比喻。譬如說：我到台南去。你可以走路，走路不要任何準備，反正你站起來就走了，不就行了嘛！你只要認得這條路，有人告訴你這個路怎麼走，就這樣。那麼換句話說，有一個過來人告訴你怎麼走，然後呢，指示給你

廣論音檔段落　舊版 4A 11:30～13:32
手抄稿頁／行　舊版 1 冊 P102-LL2～P103-LL2（2015 年版）
　　　　　　　舊版 1 冊 P102-LL1～P103-LL1（2016 年版）

這個方法，那個沒有錯，這兩者夠了，你不要其他準備的。00'53"

下面腳踏車，對不起！腳踏車就要準備準備囉，那個腳踏車過去的時候，上面嘛看看那煞車好不好，然後呢鏈條很久沒有用，要加點油，哪一個地方等等，要一點準備。如果汽車的話，那準備更多，說前面這個冷卻引擎的水，然後呢機油，然後呢汽油，然後輪胎裡面的氣足不足，你準備好了以後才行啊！如果是飛機的話那更嚴重，如果準備不夠的話，不動滿好，一動出起毛病來，到那個時候的話性命交關。儘管已經有一個人告訴你怎麼走，然後這個路也告訴你清清楚楚，如果你不準備好的話，出毛病喔！這是千真萬確的事實！01'45"

所以我們現在，有很好心學佛的人，也有圓滿的教法，我現在所體會到的就是第三點。所以關於第三點真實內容，你們慢慢地下去自然會了解，為什麼這麼重要，實在是太重要、太重要！最後呢有了前面這個樣樣準備好了，那個時候就開始了，說正以引導。02'14"

　　問大家一下，師父舉了幾個例子？走路、騎腳踏車、汽車，然後是開飛機。但是我問大家，師父說：「有一個過來人告訴你怎麼走，然後呢，指示給你這個方法，那個沒有錯，這兩者夠了，你不要其他準備的。」是不是走路不要準備？「不要其他準備」和「不要準備」是不是同一個問題？所以那就是還要準備，只不過是不要其他準備。因為你不用準備自行車、不用準備汽車，但是關於走路的一切你還是要準備的。我不知道師父這是從哪裡要到台南去，是不是很遠？很遠的話，要準備水吧！可能要準備吃東西，還是要準備。所以說「不要其他準備」不是不準備，而是不要其他的準備。03'17"

　　在這一段的時候，我不知道大家聽完注意點會在哪裡？會不會說：「自行車代表什麼樣呀？腳踏車代表什麼？汽車代表什麼？飛機又代表什麼？」你們會不會在想這個？那麼我們要走的路是從哪裡去哪裡呢？從凡夫地到佛地。大家如果看到這些交通工具的話，當然會選坐飛機，對不對？如果是我們所有的人都選坐飛機的話，師父說：不動還滿好的，如果準備不夠的話，一動就出毛病了，到那個時候是性命交關。儘管已經有一個人告訴你怎麼走了，然後這個路也告訴你清清楚楚，如果不準備好的話，就出毛病！師父說：這是千真萬確的事情！04'11"

大家都要問說：那飛機是什麼？汽車是什麼？腳踏車是什麼？走路是什麼？我想問：無論是走路，還是腳踏車、還是汽車、還是飛機，請問要準備什麼？這些都是個譬喻，讓我們注意力放在「準備什麼」。請問：對於我們要從凡夫地到佛地的人來說，我們到底要準備什麼呢？是不是準備那個往往忽略掉了，師父說這一點是非常重要、非常重要的，是「準備」那件事吧？那件事到底是什麼呢？現在有在心裡明現嗎？04'54"

接著師父總結說：「我們現在有很好心學佛的人，也有圓滿的教法，我現在」，師父說「我」的時候，那個音檔記得吧？頓了一下，「我」！「現在所體會到的就是第三點。」請問第三點是什麼？那個科判，記得吧？「**如何講聞二種殊勝相應正法**」，就是這個！怎麼樣講、怎麼樣聽。當有了一個心想要去學佛，也遇到了圓滿的教法之後，注意！重點居然在這裡！大家想一想。師父說：「我現在所體會到的就是第三點」，這一點是告訴我們什麼

呢？就是這一點上要用功夫！05'53"

　　接著說：關於第三點的真實內容，慢慢下去自然會了解為什麼這麼重要，師父先說了一個為什麼重要，然後接著說：「實在是太重要、太重要！」那一定是怎麼樣講、怎麼樣聽。對於很多同學來說，對我自己也是，怎麼樣聽是非常重要的。那麼怎麼樣聽法，透過這一段文字的了解之後，大家會覺得：「哎呀，怎麼樣聽這件事太重要了！」會生起這樣的決斷嗎？還是在疑惑：「怎麼樣聽有那麼重要嗎？」為什麼師父要用這麼多太重要了、太重要了，實在太重要了，用這麼多強調的詞來形容？而且還直接說：「我現在所體會到的就是第三點！」06'48"

　　這一小段對於老學員來說，如果已經學了好幾輪了，那麼最重要的事情有沒有平常疏忽呢？就是怎麼樣聽法。比如說思惟聞法勝利、聽法的那幾個軌則，有沒有疏忽呢？不檢查則已，一檢查應該看到到處都是疏忽！如果這一層疏忽了，往後推的話，我們聽法的受用一定會被影響的。07'18"

　　那麼聽了師父今天的這一段話之後，雖然現在不是正在講「聽聞軌理」，但是我想問大家：師父為什麼在解釋科判的時候，就用這麼長一個篇幅解釋「如何講聞兩種殊勝相應正法」？07'35"

　　其實我們聽《廣論》的時候，慢慢會發現，重要的問題師父會在整本《廣論》裡不停地講、不停地講。就像我以前問師父，我說：「師父，供養三寶的問題、集資糧的問題不是已經講過了，為什麼還要再講？」師父就說：「唉！真如啊，我們都是凡夫啊！講完之後，做一段時間就忘了，要嘛就疏忽了，所以要再提醒一下！」對於今天這節課師父在此處對我們的提醒，諸位是否會想把它放在心上？對師父這麼重視的事情──師父這麼有修行，尚且這麼重視這件事情──我想問大家：師父難道不會講法嗎？不會聽法嗎？為什麼這樣一位高僧，還要在第三點上說「我現在所體會到的就是第三點」？為什麼還要用這麼重的槌在打這一點？08'32"

　　對於過來人講給我們的這一點，大家是否會在心裡邊鎖定一下、思考一下：「為什麼我生不起來覺得這點很重

要？」或者「我修學這麼多年，覺得自己進步不是那麼理想……」我們會想一堆問題，通常都會想「我業障重」，但是具體是什麼業障重就沒有去分析了。08'58"

我們不重視師父所說的第三點，是不是業障重呢？是沒有聽清楚？還是聽清楚了之後不能持之以恆、缺乏毅力？還是常常想走捷徑，不注意具體操作的那些心靈的思想上的步驟？還是總是好高騖遠想要跑後面的？前邊的一忽略之後，後面的全部都虛掉了。到底是什麼？09'28"

我想問大家：今天聽了這一小段，有沒有發現師父還是在治療我們的修行的毛病啊？我們用全部的心力一直朝後跑，但是師父常常說：如果不重視「聽法軌理」的話，聽了很多很多，受用堪慮呀！對不對？09'52"

所以關於這節課，我希望大家能夠總結到一點：有一件事從一開始到中間、到最後都需要重視，就是怎麼樣把自己的聽聞軌理練習到如經論所講的那樣。如果聽聞軌理不常加練習的話，我們終究是用原來的習慣在聽聞。而聽聞佛法有它整套的規矩、一個流程，一旦你不按照這個流

程去做的時候，就像一個手術室的醫生進手術室沒有把手
洗乾淨、沒有消好毒，那緊接著是可能碰到他就活不過來
了！10'34"

這個流程有多重要呢？攸關著整個修行的成敗！整個
修行的成敗，意味著我們這一生能不能成功。所以師父用
了這麼多重點的話來敲醒我們，我們是否能夠聽到師父提
醒我們的話？聽是有聽了，有聽到嗎？有聽到內心深處
嗎？有生出決斷力，想要重視怎麼聽法嗎？11'01"

希望這節課研討完了之後，停下來想一想。等到下一
次再開始研討的時候，哪怕用幾分鐘的時間思惟一下聞法
勝利，你再看一看整節課的聽聞會不會非常不一樣？因為
佛法是最不怕實踐的，你越實踐越發現這裡邊講的都是真
的；你不實踐的話，反而覺得怎麼會沒有離苦呢？怎麼會
沒有效應呢？所以，非常期待大家能夠把今天師父講的這
個提醒認認真真、清清楚楚地聽到耳朵裡，要走心！要去
實踐它！11'46"

線上音檔掃描

講次0238

實踐講聞軌理，莫當文字看

　　第三個，有這樣好的老師，講這樣圓滿的法，但是我們條件如果不夠，那沒有用。那麼就說明，所以第三個「如何講、聞」——講的人要什麼條件，聽的人要什麼條件，我們夠了應該如何、不夠應該怎麼學。如果經過了這樣，然後我們就可以得到究竟圓滿的法。有了這個條件，最後才正規地把那正分究竟圓滿的法來告訴我們。00'40"

　　那麼當我們對這個了解了以後，向後在我們學習過程當中，我們可以常常拿這個標準。淺、這個粗淺，雖然學得粗淺，可是我們能夠用那個粗淺的法，在平常我們去衡準。一方面思惟觀察對我們有幫助，一方面對法

廣論音檔段落　鳳山寺版 03 04:43～06:20
手抄稿頁／行　鳳山寺版 1 冊 P65-L4～P65-LL1

我們有步步的實踐當中，能夠提升我們自己。這個不要剛開始的就把它當做文字看，如果我們剛開始不在實際上面努力，漸漸地深入，對我們將來就很難學得好了。正因為我們現在條件差，所以我們淺的地方，跟我們能做到的地方做，當我們漸漸深入的時候，我們就會很有次第地一步一步地跟得上去。01'38"

　　師父在新版的《廣論》手抄有這樣一段話，說：「有這樣好的老師講這樣圓滿的法，但是我們條件如果不夠，那沒有用。那麼就說明，所以第三個『如何講、聞』——講的人要什麼條件，聽的人要什麼條件，我們夠了應該如何、不夠應該怎麼學。如果經過了這樣，然後我們就可以得到究竟圓滿的法。有了這個條件，他最後才正規地把那正分究竟圓滿的法來告訴我們。」這一段還是在「如何講、聞」加大這個力度。02'27"

　　接下來師父又說：那麼當我們對這個了解了以後，向後在我們學習的過程中，我們可以常常拿這個標準。雖然學得粗淺，可是我們能夠用那個粗淺的在平常去衡量。一方面思惟觀察對我們是有幫助的，一方面對法我們也有步

步的實踐當中，能夠提升我們自己。接著師父又講一句：
「這個不要剛開始的時候就把它當做文字看，如果我們剛
開始不在實際上面努力，漸漸地深入，對我們將來就很難
學得好了。正因我們現在條件差，所以我們淺的地方跟我
們能做到的地方做，當我們漸漸深入的時候，我們就會很
有次第地一步一步地跟得上去。」03'36"

　　很多人可能會覺得：「怎麼聽法這件事，在佛法裡有
那麼重要嗎？它應該是比較淺的法吧！而且好像一聽就
懂，沒什麼難度啊！」可是就這樣一聽就懂，沒什麼難
度，如果缺乏實踐的推動力，那我們是聽懂了嗎？因為佛
法最重要的還是聞思，聞推動我們思，思推動我們去修，
它是一向連貫的過程。如果我們聽了這個道理一聽就懂了
之後，覺得它好像不能做，甚至不用做，那我們真的懂了
其中的要竅嗎？04'20"

　　最重要的是：你覺得淺，但是有實踐力嗎？能把這個
好像淺的法實踐在生命中嗎？聽起來容易，做起來是不是
也容易呢？如果做起來容易，我們為什麼沒有去做呢？所
以師父說：如果剛開始不在實際上面努力、漸漸深入，那

對我們將來就很難學得好了。所以「初一若錯乃至十五」就是這個問題，一上手就把它當文字看，沒有去實踐，那麼結果肯定不是我們預先想的那樣。但是我們到底輸在哪裡了呢？我們就是輸在起跑線上，最初那兩分鐘、最初那一分鐘！我們就輸在了那裡，就是怎麼聽法！05'05"

所以這個點，師父再再地說：正因為我們條件差，所以我們在我們能夠做到的地方做。這一步做到了就是在實踐佛法，那麼步步都做到了那就成了！所以一定要在沒做到的這個地方把它做到，不要覺得這好像是很淺的法，自己好像不屑修似的。這樣會不會我們內心中也有一種——是慢心嗎？還是師父說的那個——忽略？05'37"

好！希望講這一段，我們大家還是要拿它好好地觀察自己的心續，把它變成是一種行動力。05'49"

廣海明月

——道次第廣論講記淺析
第五卷

《現觀莊嚴論》
之所詮

線上音檔掃描

講次 0239

《現觀》所詮：三智、四加行、一佛果（一）

　　我們今天繼續聽師父的帶子，該到了「今初：總此教授，即是至尊慈氏所造」這一段了。00'11"

　　最後呢，有了前面這個樣樣準備好了，那個時候就開始了，說正以引導，這個是為什麼要分這四個。現在這個裡邊呢繼續下去，我們看看這個文：

今初

　　第一個就是造者殊勝，看文：

廣論音檔段落　舊版 4A 13:24～16:03

手抄稿頁／行　舊版 1 冊 P103-LL2～P105-L4（2015 年版）

　　　　　　　舊版 1 冊 P103-LL2～P105-L4（2016 年版）

總此教授，即是至尊慈氏所造，《現觀莊嚴》所有教授。別則此之教典，即是《菩提道炬》。

　　整個地來說，現在本論所講的重要的內涵是什麼呢？就是《現觀莊嚴論》。《現觀莊嚴論》是至尊慈氏，就是彌勒菩薩。要曉得佛涅槃以後，佛把整個的責任就交給我們的彌勒菩薩，所以現在來引導我們的最圓滿正確的引導者就是他，就是他。那麼他當然這個本身是圓滿的，那麼內容呢是講的這部書。那《現觀莊嚴論》是什麼呀？我簡單地介紹一下，裡邊一共說八樣東西，叫作：第一個「三智」，什麼三智啊？一切智、道種智、一切智智；第二個叫「四加行」；後面呢「一果」——佛果。01'38"

　　換句話說前面那個境，就是說我們應該了解我們所對的境，我們凡夫所對的境，依我們的無明妄識所對，造種種業。現在呢，我們了解為什麼會有這個染汙生死的痛苦，就是所對的境是不認識，那麼不是外面的境有錯誤，而是我們能認識這個境的這個識本身有問題，所以這個實際上還是就我們應該了解的，所以應該把這個

東西認識。所以說的「智」──一切智，一切智是了解
一切法總相的，一切法總相──空；然後呢，道種智是
指一切法的差別相的；然後呢一切種智，就是把所有的
這個通達總別一切的這個智。這個三樣圓滿就是佛。那
麼要想得到這個東西，那麼內涵等等，修行呢就是四個
次第，所謂四個加行；經過的這樣以後，最後圓成一個
佛果。02'56"

　　好！聽完了這一段，問大家一個問題：現在本論所講
的重要的內涵是什麼呢？你們可以一起回答。對！《現觀
莊嚴論》。《現觀莊嚴論》的造者是誰呢？至尊慈氏。那
麼這整部論──《現觀莊嚴論》，到底在講什麼呢？師父
說幾樣東西呀？八樣。哪八樣呢？「三智」、「四加
行」，還有「一個果」。師父說的「八樣東西」就是八
事，是《現觀莊嚴論》裡最主要的所詮。《現觀莊嚴論》
最主要的所詮，也是本論所講的重要內涵。03'42"

　　這個八事剛才講了一下。那三智都什麼智啊？一切相
智、道智、基智。「一切相智」是什麼呢？一剎那間現證
一切如所有性、盡所有性的究竟智；「道智」，就是現證

三種道沒有諦實的智慧所攝持的大乘聖者的現觀；「基智」，就是由「現證一切補特伽羅無我」的這一分安立的，安住於小乘證類的聖者心中的智慧。總之，這三個都是智慧。04'21"

　　這三種智慧後面還有四個加行，四個加行是：圓滿一切相加行、頂加行、漸次加行，還有剎那加行。「圓滿一切相加行」，就是修持三智行相的智慧所攝持的菩薩瑜伽；「頂加行」，這個是由「緣著空性的修所成慧所攝持」的這一分安立的，對於修持三智行相獲得自在的那個階段的菩薩瑜伽，這是修道階段性的名稱；接著是「漸次加行」，就是由「為了對三智行相獲得堅固而漸次修持」的這一分安立的菩薩瑜伽；最後一個加行是「剎那加行」，漸次修持三智行相所生的究竟菩薩瑜伽。所以都是說菩薩瑜伽的不同階段。05'16"

　　最後是「果位法身」，就是修持三智行相的力量所獲得的究竟果位的無漏功德。05'25"

　　《現觀莊嚴論》的主要所詮，也是本論的所詮。希望

大家能夠生起廣大的希求心，將來我們一起學《現觀莊嚴論》。這樣的話，再學《廣論》，再詳細地學習怎樣從一個凡夫地到達究竟圓滿成佛的這個次第的圓滿的綱要。大家都知道本論就是從《般若經》中流出的，至尊慈氏完全了解了《般若經》的內涵，造了《現觀莊嚴論》。《現觀莊嚴論》的內涵，也就是《廣論》的內涵，所以我們現在可以學到這一脈相承的《般若經》、《現觀》，還有《廣論》的內涵，是非常非常地有福報、有資糧的一件事。大家可以在內心中真正地燦爛一下，或者說燦爛很久！

06'20"

線上音檔掃描

講次 0240

《現觀》所詮：三智、四加行、一佛果（二）

　　為何《現觀莊嚴論》會宣說這八事呢？宗大師所著的《金鬘論》中說：「為何確定為八事？一個補特伽羅成佛，數量確定為所應了知的境、修持的道、果三者。」這句話是什麼意思呢？是說一個補特伽羅從凡夫到成佛，他所應該了知的境、修持的道和果這三者，數量確定嗎？「其中第一者確定為三智，第二者確定為四加行，第三者確定為法身的緣故。」這為什麼是八個？一定是八個嗎？不能是其他的嗎？或者少一些嗎？確定這麼多！那你說是誰確定的？就是走過去的人確定的。00'50"

　　「那麼，為何所應了知定為三智？」就問了：所應了知的一定要是三智嗎？「譬如商人聽到經商的利潤，就會

廣論音檔段落　舊版 4A 13:24～16:03
手抄稿頁／行　舊版 1 冊 P103-LL2～P105-L4（2015 年版）
　　　　　　　舊版 1 冊 P103-LL2～P105-L4（2016 年版）

趣入經商的方法」，比如說：最近什麼、什麼東西可以賺
錢了，然後他考慮考慮這麼大的利潤，想一想決定去做，
然後去做了。所以「最初為了對果位生起歡喜，所以開示
具足自他二利的一切相智。」聽了這個「一切相智」之
後，會生起很大的歡喜心要得到它，就像做生意要開始準
備了；然後就趣入其方便，所以就開示一切相智的方便
「道智」；接著還要了知有沒有什麼岔路啊等等這些問
題，了知道智的岔路就觀待於基智，所以在後面就開示
「基智」。這個是三智。01'47"

　　那麼，後面為什麼修持要確定修四加行呢？僅僅抉擇
三智不夠嗎？有三智就夠了，為什麼還要確定四加行呢？
說：「僅僅抉擇三智是不夠的，必須修持三智。其中又分
為道的證德在自己的相續中未生者令生，已生者令增長二
者，所以確定為四種。」這個過程確定為四種。02'18"

　　「因為圓滿一切相加行是能獲得未獲得者」，就是這
一段時間你要得到原來沒得到的那種功德，就像你賺錢，
要開始賺錢了；然後「頂加行是獲得的階段」，是豐收的
階段；「漸次加行是令已得者增長超勝」，就是利滾利、

利滾利就更嚴重了；「剎那加行就是彼成就的階段」。
02'44"

> 「那麼，一重因果就足夠了，為什麼還要兩重呢？如果
> 沒有自在因果——圓滿一切相加行與頂加行——的話，
> 便無法獲得無勞任運的法身；如果沒有堅固因果——漸
> 次加行與剎那加行——的話，便無法獲得『一法現前
> 時，一切法都現前的一切相智』，所以必須要兩重因
> 果。這是先輩的智者所說的。」03'12"

　　也可以這樣解釋：如果相續中沒有生起證德的話，僅
僅了知了能不能降伏煩惱呢？煩惱就是我們的所斷，僅僅
了知了是不能降伏所斷的。就像我們知道了聽聞軌理之
後，如果不去修行，我們平常那種麻木的、懈怠的、輕忽
的心，沒有被降伏的話，還是沒辦法生起聽聞軌理的所
證。所以「僅僅了知並無法降伏所斷，因此，生起證德的
方便是圓滿一切相加行，相續中生起之後而自在，這是頂
加行的緣故；相續中生起的，如果在心中沒有明現所緣行
相的話，僅僅生起，並無法令道究竟。」還沒有辦法令這
個道達到究竟；因此如果想要令這個道達到究竟的話，就

必須要漸次加行與剎那加行兩者，因為它們是因果的緣故。因此就可以確定為四種。04'19"

所以，「如此聞思的抉擇，以加行修持的果就是一法身」，它一定會達到那個果，所以它的數量是確定的。04'32"

我們先了解一下這樣的大概，如果想要詳細地了解的話，大家要聽《現觀莊嚴論》還有《金鬘論》等等。這是現在我們的法師都在學習的，我也有幸在學習，所以大家要發願好好學習！04'50"

在聽聞的過程中，我們追隨著先輩祖師、智者的抉擇，在內心中不停地確立、不停地瞄準那個方向——不停地確立我們要得到三智，我們要修習四加行。這樣的話，我們對佛果的那個期待，就不是一種好像夢幻般的期待，它是一個你第一步怎麼走、第二步怎麼走、第三步達到什麼，非常次第井然的一個生涯規畫。就是如果想要達到佛果的話，就要這樣修，先輩祖師們把路是探得非常明白的，而且也有成功的經驗。所以對我們這些後學者來說，只要把這個經典好好地學清楚，把路徑探清楚，接下來就是要實修。05'39"

那麼聞思的時候是不是也是修呢？這個在《廣論》後面要講的。也是的，因為它會修改我們的很多知見，很多自以為是的我的見解的部分要變成正知見。在這個部分就可以再再地確立：我們所聞思的佛法不是為了得到名聞利養，不是為了得到一個很會說法的名聲，或者別人覺得你很有智慧。最重要的，是我們能夠降伏自相續中的所斷——那些煩惱和痛苦的東西，達到我最初修學它的目的，就是果位法身。06'15"

所以如果能常常學習這樣的經論，並且以所學不停地校對內心，那麼每學習一次，我們就會對這條路更加地堅定。而那些現世的八風，就會變得有些飄渺和不切實際，正好就把我們原來的經驗顛倒過來了。所以我們的內心就越來越清晰、越來越堅穩地抉擇何者是解脫、何者是輪迴、何者是大乘的道。所以在每一次聽聞經論，每一次聽聞祖師、佛菩薩的教誡的時候，我們就會對這條路的感受力越來越沉穩，目光也很清澈，不再有那麼多猶疑不定的

東西。當然你會不會有疑惑？會的！有了疑惑就去解決疑
惑，不至於懷疑這整條路是不是真的，因為那上面所寫的
所有都是祖師、智者們證悟過的經驗。07'24"

　　我們無比地幸運能學到這麼精彩的著述，沿著這樣的
著述我們就可以了解《般若經》的內義，可以了解佛陀的
密意。還有什麼比值遇這麼美的教法更值得我們歡喜呢？
07'41"

線上音檔掃描

講次 0241

不是外境有錯，而是我的識有問題

師父在第二段說：「換句話說前面那個境，就是說我們應該了解我們所對的境，我們凡夫所對的境」，一直在說這個境。「我們凡夫所對的境，依我們的無明妄識所對，造種種業。」這句話是什麼意思呢？當我們開始學習佛法的時候，我們總會遇到心和境的問題。這裡又談到「無明妄識」，就是我們這顆心在沒有進行徹底地調伏之前，它是被無明所障蔽的，一旦是無明所覆蓋的這個妄識，它對境的時候就會造種種染汙生死的業。01'02"

然後師父說：「現在呢，我們了解為什麼會有這個染汙生死的痛苦」，為什麼會有染汙生死的痛苦呢？記得師父說什麼嗎？師父說：「就是所對的境是不認識，那麼不

廣論音檔段落　舊版 4A 13:24～16:03
手抄稿頁／行　舊版 1 冊 P103-LL2～P105-L4（2015 年版）
　　　　　　　舊版 1 冊 P103-LL2～P105-L4（2016 年版）

是外面的境有錯誤，而是我們能認識這個境的這個識本身有問題，所以這個實際上還是就我們應該了解的，所以應該把這個東西認識。」接著師父就講到了「智」，那些智是做什麼？就是把這個妄識全部翻過來變成智，那麼對境的了解就不是妄識所對了，因為他已經清澈地了解了境之後，染汙生死的痛苦就清除掉了。01'59"

這一小段話所蘊涵的道理是非常地深刻的，其實應該拿個本把它抄下來，把它在內心裡背到滾瓜爛熟，非常非常地熟悉。「不是外面的境有錯誤，而是我們能認識這個境的這個識本身有問題。」所有是是非非的爭論，如果我們都去討論外境的問題，而忽略了對內心的關注，實際上外境的問題也解釋不清楚，因為那個識有問題。02'36"

那麼這個識的問題到底是出在哪裡呢？就是看起來那個境上的問題跟我的心對它的安立是沒關係的，境本來就有那樣的問題，和我現在怎麼想是沒關係的。但是佛法恰恰把心和境——心正在對的那個境，它們倆聯繫得是非常緊密的，甚至快樂與痛苦最主要的原因絕對是歸咎於內心的。它不是一直在境上掙扎、境上計較，在境上你死我活、天翻地覆；而是內心的這種理性的觀察，還有是與非的這種搏鬥，就像兩個很強的人在搏鬥一般，它都是在內心的這個見解上自我拼搏的。03'32"

那麼這個問題之所以深的原因就是：當我們的心開始隨著境劇烈地波動，我們到底是平外境、還是平內心呢？在《入行論》裡說：「片革墊靴底，即同覆大地。」如果地上有荊棘的話，拿一個鏟子，我豈能鏟平大地上所有的荊棘呢？腳上穿個鞋不就可以了嗎？那麼是不是每時每刻我們都會想到應該穿個鞋呢？還是隨穿隨扔，就會忘記？因為就是習慣！但凡有什麼事發生，我們一定會去強烈地執著境上的問題，然後完全地忽略了我們這個識是有待於繼續觀察思考再裁決的。我們就直接定義境，比如你的錯，或者定義是非在上面。而大量的時間和精力都去討論境的話，這個心就好像變成了一個陌生者，和自己毫不相關的人，活了很久之後，其實最不熟悉的就是自己的思路。04'47"

比如說：我們對一個境通常都是怎樣反應的？不去長久地觀察，你是找不到規律的，也不知道一、二、三步驟

是什麼，也不知道結尾是什麼。如果長久地對自己的某一個習氣觀察，你就知道：哦！開始是這樣的、中間是這樣的、結論是這樣的。那麼當它再度出現的時候，你就知道：啊，它又來了！但是如果在每每發生事情的時候，我們所有的注意力都撲在境上，境就會引生內心的這種波濤。在這種強烈的起伏狀態中，我們很難理性地去觀察事情，很難去找到這個事情的處理方案。解決方案找不到，大家在一起爭得心裡都不太舒服了，甚至都很痛苦了，都覺得自己說的是有道理。05'32"

所以我們這個妄識，當有什麼事情發生的時候，它就會對這個境有一個顛倒的認知。這個顛倒的認知看起來是那麼真實、那麼有道理、那麼地現前，但是它經不起正理的觀察。正理的觀察，觀察一會兒之後它就靠不住了，找不出一個真正的理由。就像那天我問大家一個問題，我說：「慈悲和瞋恨，哪個力量大？」當然我們學過教理的都說：「慈悲力量大！」請問依據是什麼？為什麼你說慈悲力量大？那時候法師們就給出了很多理由。你們也可以想一想，哪個力量大？你有什麼理由去說它是大的、它是小的？06'24"

　　在心對境的這個問題上，師父會在整本《廣論》裡數數地提醒我們。如果大家能把這一段話放在心上常常去琢磨的話，我們觀察的那個力量就會轉向於內心。當我們轉向於內心的時候，可能開始會發現：什麼都看不到！但是當你看到一點點苗頭的時候，你就會覺得很有趣，我們這個內心比看一部電影、看一部神話精彩！因為絕對是你沒看過的東西，可能是無量劫來沒努力過的東西。07'00"

　　就像海底能深入到多遠？海底有多少生物、有多少植物，我們也沒法知道。如果潛入到很深的海底的話，把你帶的燈全關掉，你想：現在我享受黑暗時刻吧！可是你帶的燈全部關掉之後，會發現海底世界是有燈的，很多魚會發光！有的魚會發紅光、有的綠光、透明的光、各種顏色，簡直是像燈飾大街一樣，全部都是燈！然後你就說海底世界好美呀！07'33"

　　但是我們的心裡那一個、一個思路它所帶來的力量，你去尋覓它的依據，它為什麼這麼想？然後你去找，一個思路連著一個思路，然後連著一個行為，這中間是為什麼？你一直去探尋、探尋、探尋，就好像我們在深入海底

去找珊瑚礁一樣，美麗的珊瑚，還有各種難以想像的漂亮的魚，比那個實在是有趣太多了！因為心在某種程度上，它的能量好像沒有窮盡的樣子，你可以一直去尋找！08'04"

一旦我們透過教理的薰習和善知識的引領，把百分之百撲在外境上的那個力量收回來看一看內心的話，我們自然會看到無限的風光。可以看到：哦！原來我巨大的潛能都潛藏在內心裡邊；原來我轉動我的思想、轉動我的觀察，將方向瞄準內心，我就可以發現我內在的潛力！那種潛力是你靜下來觀察自己，一定會找到原因，找對了原因，把那個原因去掉，就不用在境上跟人家爭得你死我活了。因為最終清涼的是這顆心、平靜的是這顆心、愉悅的是這顆心、滿足的也是這顆心，所以平定這顆心就可以了，這是一個多麼簡潔的方式！但是無量劫來，我們就是要這麼辛苦地上天入地地折騰，卻沒有在這個心上下功夫。09'02"

就這幾行字啊！就這幾行字，可能去求法花多少錢、走多少路，也未必能求到這幾行字、也未必能懂得這幾行字。所以，就算是跟師父聽法聽到這幾行字，如果能夠抱著這幾行字晝也思考、夜也思考，進入那種如癡如醉的探索狀態——我就在這個問題中、這個問題就在我中，進入那種合一的探索內心的續流，我們一定會對這一段文字產生非常非常不可思議的感受！那就不僅僅是佛法入門，一定是一個對內心的深入。然後我們就會發現修行是這麼有趣的事情，我自己是這麼有趣的事情，我就不用今天沒有看個東西就覺得無聊。你看自己呀！你看自己的心，然後再對照經論。所以，我們這樣努力地去觀察的時候，自然會發現修行的樂趣。一旦發現修行的樂趣，誰能讓我們停止呢？從樂趣勝樂的這條路，誰又能讓我們返回呢？所以我們一定要加油啊！10'15"

廣海明月

——道次第廣論講記淺析
第五卷

學圓滿綱要，
跨腳下一步

線上音檔掃描

講次 0242

認識圓滿綱要，走對下腳一步

　　大家好！又到了我們研討《廣論》的時間了。前幾講討論「佛法要向恭敬中求」，恭敬心是要思惟和準備的，現在在研討之前大家準備好了嗎？恭敬心是佛法這個智慧之樹的土壤，如果我們想要那棵樹繁茂高大、生生不息地茁壯下去，恭敬心這個土壤的培育是非常非常重要的！所以請大家好好地觀察一下自己的心續。00'42"

　　再思考一下，為了什麼目的我們要來研討《廣論》？是為了令所有的有情都能夠出離生死的痛苦，達到究竟的快樂，我來學《廣論》，種下成就佛果的因。那成就佛果的因是什麼呢？大家可以想一想。「菩提心是佛子因」，那如何獲得菩提心呢？就是要沿著道次第、沿著正規的傳

廣論音檔段落　舊版 4A 16:03～17:07
手抄稿頁／行　舊版 1 冊 P105-L5～P105-LL5（2015 年版）
　　　　　　　舊版 1 冊 P105-L5～P105-LL5（2016 年版）

承去修法，我們才能夠生起真實無偽的菩提心。我們雖然現在是聽帶子、討論，思惟如何成佛、在教理上要怎樣地學習，但這是我們邁向成佛之路非常重要的一步，請大家好好地珍惜，不要忽略我們眼前的努力，或者認為學習教理浪費時間、價值不夠——這個今天我們就會學到。01'49"

好！我們現在就開始聽師父的帶子。

所以雖然是說起來這麼簡單，實際上就是從凡夫地，達到究竟圓滿成佛的圓滿的綱要全在裡頭，可想而知本論是何等重要！是，我們目前可以不一定全部學，但是我們必定要全部認識，為什麼？因為我們究竟的目的就是這個。你有了這個究竟的目的，認識了這個綱要，然後下腳走的時候，的的確確走你該走的。該走的只是一步，但是你眼前跨出去的一步，一定要走對方向。在整個的道路當中，你走對，那麼每一步，然後把一步一步加到最後，圓滿。所以開始走這個一步的時候，你就應該把整個的路線認得清清楚楚，這樣走下去的這條路最圓滿直接，這很清楚明白。02'59"

　　這一小段師父說：「雖然是說起來這麼簡單，實際上就是從凡夫地，達到究竟圓滿成佛的圓滿的綱要全在裡頭」，請問這是在說什麼呢？你們有答案嗎？可想而知是說本論。是說本論嗎？這是全部的答案嗎？有沒有丟字？「可想而知本論是何等重要！」後面有個「何等重要」！03'39"

　　那麼是要全部學嗎？師父說：「不一定全部學，但是我們必定要全部認識。」為什麼要全部都認識呢？剛才有聽到原因嗎？「因為我們究竟的目的就是這個。」我們會跟師父一樣，確定究竟的目的就是這個嗎？說要達到圓滿成佛的圓滿綱要全在這裡邊，從凡夫地到佛地，我們有沒有確定這個究竟的目的呢？如果沒有確定的話，我們要確定嗎？那沒有確定，因為什麼沒有確定呢？是有什麼目的比這個更完美嗎？還是目的雖好，我沒有能力達到呢？沒有能力達到，就去想達到的方法！04'38"

　　所以師父說：「有了這個究竟的目的，認識了這個綱要」，會有什麼好處呢？注意！開始下腳走。「下腳走的時候，的的確確走你該走的」，這個該走的是自己確定的嗎？還是我們根據教理，認識了綱要之後確定的？所以這裡邊不全然是自己心續原來的那些東西。這裡邊有了什麼？有了知道綱要之後，內心的轉變所確定的東西，所以「的的確確走你該走的」。請問要走多少呢？「該走的只是一步。」請問大家：為什麼師父要在此處說該走的只是一步呢？05'41"

你說：「如果走兩步，三、四、五、六、七、八步，可以嗎？」有沒有那個能力呢？「的的確確走你該走的，該走的只是一步。」沿著下腳處，一定是向前走一步吧！或大、或小你要走一步，因為你要在你立足的地方向前走一步。06'05"

如果我們向前走一步的話，最重要的問題是什麼呢？是不是朝哪裡走？是方向！所以師父說：「你眼前跨出去的一步，一定要走對方向。在整個的道路當中，你走對，那麼每一步，然後把一步一步加到最後，圓滿。」真的每次走一步，而且要把那一步走對，一步一步就能夠走到圓滿嗎？這一句話，我們會覺得事實是這樣否？一次走一步、一次走一步，然後我就能走到最後了嗎？06'49"

　　這個問題在跟師父學習的時候，也是讓我感觸非常深的一點！因為發現師父在教我們這些弟子的時候，常常會特別清晰地告訴我們下腳處。師父非常重視這個下腳處，因為佛法一定是落到地面上，腳踏實地的一個功夫。如果很虛幻、很神秘的，找不到一個確定感，這樣的話，可能修來修去也不知道修到哪裡去了。所以師父在嚴密教理的指導下，一定會清晰地讓修行的弟子們知道當下的一步是什麼。07'34"

　　那麼當下那一步，恰恰是我們的能力能夠邁出去的，不是超越能力的一部分，不是現在你怎麼也達不到的。比如說你明天登初地好了，那達不到。但是你當下如果能對治一下自己的觀過心，對於上師、三寶生起念恩的心，這個對治和觀察應該還是可以做的。所以在我們找到當下的立足點，向前邁一步的時候，修行就看起來沒有那麼困難，而且是顯得那麼力所能及！稍稍用點力。不要老是追求舒適感，稍稍用點力，要向上跨一步！08'19"

　　師父說：所以開始走這一步的時候，就應該把整個的路線認得清楚。為什麼呢？因為認不清楚的話，方向直接就錯了。第一步雖然只是一步，但是它向著那個方向卻是最後成就的方向。記得師父常常說：「可上可下的時候，要向上一步！」在發生一些事情、大家不知道如何取捨的時候，總會發現師父給我們一個取捨的點。那個取捨的點就是大家能沿著師父這樣的教誡，都向上增一分善行、斷一分過失，肯定會在心上向前邁進一步。哪怕我們事相上推進得非常非常不順利，但是心中不能失去向上跨一步善的這樣真實的腳步。看到這一段，會想起師父教過我們的那些時光、那些事例，以後慢慢有機會再跟大家分享。09'24"

請問我們大家學完了這一小段之後，要得到什麼呢？這一小段是在說什麼呢？意思清楚嗎？本論為什麼重要？揭示了目的，對不對？達到目的的綱要。如果有了方向、有了綱要，每次跨一步就好了！只要在乎那一步方向是對的，一步、一步、一步增廣，就到了最圓滿的。好像在介紹道次第喔！一定要知道方向和綱要，所以我們需要本論。10'02"

線上音檔掃描

講次 0243

欣賞自己 0.01 的進步

　　請問：「我們有沒有確定我們究竟的目的就是這一個？」就是哪一個呢？要究竟圓滿成佛，沿著這樣的道次第。如果我們確定了這個目標之後，最重要的問題是什麼呢？就是該走的只是一步。那一步到底是什麼呢？是否是我現在要向上增進的一步呢？那一步可能是非常小的一個進步、非常小的一個進步。然後一個小的進步、一個小的進步累積起來，每天都在增廣、每天都在增廣。00'38"

　　這樣的一個連串，比如第一天在過去不會的一個地方我們增加了 0.01，第二天在這個 0.01 的基礎上，我們再去增加 0.01。這樣地假以時日，如果一年、兩年、三年、十年這樣努力下去，大家可以算算，跟我們原來的起步點已

廣論音檔段落　舊版 4A 16:03～17:07

手抄稿頁／行　舊版 1 冊 P105-L5～P105-LL5（2015 年版）
　　　　　　　舊版 1 冊 P105-L5～P105-LL5（2016 年版）

經差了多少？所以師父講的「每次只走一步」，好像很小的感覺，但是它累積起來，結果會是一個不可思議的數字！01'16"

　　這句話其實也可以安慰我們，因為我們都會覺得調心是非常不容易的，想要跟自己拼搏，戰勝自己的那些弱點，是一個很辛苦的過程。我們常常會覺得怎麼努力也改不過來，那怎麼努力也改不過來，是針對什麼說的？是針對某一個習慣它徹底在相續裡邊不現行、消失了。但是那個結果就是沒出現，比如說瞋心，怎麼打它就是常常出現，沒有打到一種瞋心不出現的狀態，我們就會覺得是沒有勝利的。我們就盯著那個結論：我們是沒有勝利的！當我們沒有勝利的時候，就不會收穫愉悅感和輕鬆感。02'01"

　　但實際上師父說每走一步，在當下的時候完成每一天的目標了嗎？實際完成了！因為今天我就完成了這個目標。比如說我們要研討《全廣》，研討了嗎？研討了。那你完成了嗎？完成了每日堅持上課的這件事。那你說研討的質量怎麼樣呢？「有的時候可能不太行，有的時候覺得

很受用。」只要是一直在堅持，就百分之百地勝過輟學。只要再堅持下去，一定會在其中有某種改變。所以每次可上可下的時候都走一步，每次都走一步。走一步的話會很困難嗎？比如把你心裡的想法向善的地方再跨一點、向積極的地方再跨一點，不要淹在原來煩惱的現行中，向上突破一點，就叫一步！02'57"

這樣看起來修行很容易呀！每次就走一步。那你說：「每次走一步，得什麼時候才能到達目的地呀？」算一算，每天都走一步，每天進步百分之一的話，一年會是多少呢？有人算過，一年就是原有狀態下的37倍。所以這個一步不是簡單的一步，它實際上是完成一個非常偉大工程的巧妙計算，它是一個利滾利、非常輝煌的果實。03'31"

但是在每走一步的時候，我們常常好高騖遠，想要一下子達成那個煩惱習氣都不現行的狀態，卻不能忍受成績平平，或者修著修著怎麼看起來好像倒退了。境界一強，正念就打得非常辛苦，甚至有的時候崩潰了！師父常常說：「沒關係！跌倒了，再起來，再戰！」就這樣一直堅持下去，每次只有一步、每次只有一步！我們是力所能及的一步，雖然稍稍費力一點，但是仍然是自己可以完成的一步。04'10"

最重要的概念是：這一步，你自己欣賞自己嗎？你為此高興嗎？你會完全欣喜這個過程嗎？還是你根本看不起自己的努力？一小步、一小步的努力，就是到最終那個輝煌聖殿最重要的過程。如果我們忽略一小步、一小步的這個旅程，我們豈能到達終點呢？最後那一步最輝煌，因為它到頂級了，可是前邊的這些步子不值得讚美嗎？這一路都不值得讚美嗎？04'44"

所以如果我們能夠真實地活在當下，能夠每一天計算一下自己今天的善行上哪怕長進了零點幾，只要有在微動，那明天再微動，我們就沒有停滯，我們就在向美好的方向前進，這樣就是一個進步的趨勢。05'07"

雖然進步並沒有像我們幻想出來那樣的形狀，但是可能進步本來就不是想像的那樣，它有它的一個真實的軌跡，不是從那個地平線起來，然後直著就升上了高空；它

可能是斜線式的，一點一點地上去，上到某個點之後忽然騰躍！比如說初地菩薩跟二地菩薩，那功德不知道要差多少倍，在往上輾轉增上的時候，是一個不可思議的多少次方、多少次方功德的轉變！05'41"

　　這一小段，每一步、每一步是師父真實實踐過來的經驗。師父常常說：「佛法美啊！僧團美啊！」常常看到師父像是自言自語一樣，在那兒笑著發出由衷的讚歎。這個僧團就是我們現在所屬的僧團。師父也說：「哇，這些廣論班的居士真有善根啊！」就是這樣讚歎的。但是輪到我們自己評價自己的時候就一塌糊塗，我們總是看不到師父看到的那個閃光點。那麼在思路上到底有一些什麼過失呢？會不會是我們太注重結果那一刻的燦爛，而忽略了每一天那個珍貴的、不可或缺的、是唯一的途徑的那一小步？06'28"

線上音檔掃描

講次 0244

認識「不管了，趕快修行」的急躁毛病

好！我們接著聽下一段。

我還是舉個例，譬如說我們剛才說到台南去。到台南去。可能剛才說走路、腳踏車、汽車，那用的工具沒關係，然後呢，走的路線也有幾條，但是你一開頭的時候絕對不會說：「反正不管了，我出了門再說。」是，這個不對的，你一定要曉得，從我這裡到台南去你走哪一條路線，那個才行。你要出了門再去的話，那我們出去從那門跑出去，然後呢馬路四通八達，你到底怎麼走呀？哪有這樣的事情啊！00'35"

廣論音檔段落　舊版 4A 17:07～20:27
手抄稿頁／行　舊版 1 冊 P105-LL4～P107-LL6（2015 年版）
　　　　　　　舊版 1 冊 P105-LL4～P107-LL7（2016 年版）

　　現在我們太多人都是犯了這個毛病,「噢,好了!我不管了,反正念佛、反正參禪!」就是這樣。實際上這個裡邊大有問題啊,這個大有問題!因為你的目的,假定說你的目的,你的目的幹什麼?我的目的就是它念四個字。那沒關係,你只要「阿彌陀佛」就算了,能不能往生不去管它。現在假定你要往生的話,對不起啊!你要看看囉!四個字好,六個字好?還要其他的助行、正行哦!可是我們實際上的目的不在往生,要成佛!為了要成佛。所以眼前最好的方法要往生,要想往生所以要念佛。所以必定是,你整個地要到台南去,為了達到,就我眼前這個目的當中,然後走這條路,這不是很清楚、很明白嗎?對吧!01'23"

　　而且這個情況之下我還舉個比喻,當然現在我們說到台南哪,這個方便,成佛沒那麼簡單的啦!我們不妨這麼說了,到美國去,譬如這麼說。那麼有人說到美國,美國在哪裡啊?一想:喔,美國在我們東方。夠不夠?對不起,這個萬萬不夠的哦!假定說美國在東方,那麼我出門向東走,你走得到嗎?我保證你走不到!然後你出門,我們這個門口向西的,你說向東你怎麼,向西走你不是走錯了嗎？你向東走碰壁，到後面你怎麼走啊？不行的。所以到哪裡去一定有它的一個完整的方便善巧，轉彎抹角怎麼怎麼走，就算你出了門對了，你向東走跑到花蓮，向前跨一步，對不起，太平洋，下面就死路一條，這很明白！02'16"

所以任何一個地方，你真正要走之前，必須要先把你的目的認清楚，然後達到這個目的，該走你什麼走的路，然後這個路當中眼前你下腳的哪一步。所以不管是念佛、參禪哪一個，那是我們眼前下腳第一步，一定要走的，的確，走你相應的，絕對沒有錯！但是千萬不要說：「我走這個，其他的不管了！」那剛才這個比喻在這個地方。所以我們不要說：「哎呀，這個我們學這個幹什麼啊？」這個是一個很大的障礙。所以他前面也告訴我們了，「偏執暗未覆」——那種具善根的人喏！同樣的道理，為什麼有的人是一生取辦，有的人要轉三大阿僧祇劫，證羅漢果尚且如此；同樣的，有的人往生去上品，有的人往生去下品，有的人去了是邊地，有的人念了半天是念不去，毛病在哪裡呢？就在這裡。這是我們一開頭應該有的認識，應該有的認識。03'25"

好！我們聽了幾段。大家預習了沒有？事先預習是比較好的。像以前在研討的時候，常常分幾個研討小組，把下一次要研討的事先研討一下，就可以在對照的時候看一看：欸，有一些什麼沒有發現的點？那個時候還是滿令人驚喜的！03'51"

問大家一個問題：師父在這幾段裡到底要說明一件什麼樣的事情呢？為了說明這個事情，舉了幾個例子呢？第三個，這幾個例子的差別點是什麼？你們可以思考一下。04'15"

在最後一段還是扣到：從凡夫地達到究竟圓滿成佛，我們目的就是這個。有了這樣究竟的目的，認識了綱要，然後下腳走的時候，的的確確能夠走上我們該走的。所以師父說：「任何一個地方，你真正要走之前，必須要先把你的目的認清楚，然後達到這個目的，該走你什麼走的路，然後這個路當中眼前你下腳的哪一步。」這是師父的立宗，對吧？04'53"

那麼有人說了：「反正不管了，我出了門再說！」一開頭就是這種。一開始的例子是去台南，對吧？如果讓我去台南的話，反正不管了，我出門就走，我不知道我會走到哪裡去？到時候你們可能要去尋人啟事了。05'13"

所以我是在想：這個人他一定會走到台南嗎？是他很有把握的意思嗎？他沒確定路線。你說：「啊！那我小的時候，從家到學校這條路我也都是走熟的，已經確定路線了，所以他一定是一個不知道怎麼走的人。」不知道怎麼走的人，為什麼說：「反正不管了，我出了門再說」？這是急躁吧！是不是急躁？是急躁的心嗎？不能忍受在出門之前看地圖、好好學，因為這個沒有用，一邊走一邊問就可以了。會不會？有些人就是這樣安排的。05'50"

但是師父說：從那個門出去之後，馬路四通八達，你到底怎麼走呀？師父接著有一句話說：「哪有這樣的事情啊！」但是我們這樣的事情比比皆是！「哪有這樣的事情啊！」是什麼意思？怎麼會有人這樣子啊？哪有這樣走修行的路，說：不用看方向、不用看次第，直接上去修就對了？所以這是一個像《攝類學》裡的咯計（他宗）── 有的人說。06'23"

　　師父接著說：「現在我們太多的人都是犯了這個毛病。」什麼毛病啊？又一句：「好了！我不管了，反正念佛、反正參禪！」師父說：實際上這裡邊有大問題啊！這裡邊的問題，注意！師父說：你是只要念佛就好呢？還是只要往生呢？還是要成佛？注意！它有一個目的性的伸延。如果是為了要成佛，眼前最好的方法是要往生，要往生所以要念佛，他把最究竟的目的看完了之後，腳下的一步選擇是念佛。不是說：「好了、好了，不管了！我開始念。」什麼都不知道。這兩者差別是很大的！07'13"

　　下面舉那個去美國的就更誇張了！他的門在那邊，他朝那邊走是走不到的，如果他向東走就會走到太平洋，死路一條。像我們去念《心經》的話，說「無眼耳鼻舌身意」，那個「無」到底是什麼？像一個小孩子也都會問：「我有眼耳鼻舌身意，為什麼釋迦佛那麼有智慧的人說無眼耳鼻舌身意？」有的人就會認為一切空，一切作用都空了。萬一他的承許破壞了業果見，那麼就會有墮落的危險。為什麼他的承許超越了真正的量的邊際呢？就是他應該不了解那個空性的量是什麼、善知識怎麼教的，反正就那樣下去了。08'00"

　　師父舉的這些例子，雖然聽起來在現實層面是滿誇張的例子，但是修行人犯這個毛病，師父說比比皆是！那麼我們現在開始想：「啊！那個誰家、誰家的某一個居士是這樣的。啊！某某人是這樣的。」現在師父要我們做的是，看看自己是不是這樣。08'20"

線上音檔掃描

講次0245

《廣論》裡都是走向希望的心路

　　舉個最簡單的設問：學了這麼多年《廣論》，你會不會認為你的心一點都沒有改變，想到後世去哪裡心裡虛虛的？這是不是你一點兒都沒改變？或者你可以成立：「那學經典有什麼用？了解經典有什麼用？」這些是針對學了很多年的人。這兩個問題怎麼解決？00'25"

　　說：學了這麼多經典沒有用，是根據什麼沒有用的？是根據我們對後世沒把握、心裡慌張，對吧？在想到念死和後世這個問題的時候，我們感到慌張或者感到恐懼，那接下來該做什麼呢？請問：由於念死無常而怖畏惡趣，接著應該什麼？現起三寶，應該真誠地皈依三寶。用那個所修的善所緣皈依三寶的心，來對治這個怖畏後世墮落，或

廣論音檔段落　舊版 4A 17:07～20:27
手抄稿頁／行　舊版 1 冊 P105-LL4～P107-LL6（2015 年版）
　　　　　　　舊版 1 冊 P105-LL4～P107-LL7（2016 年版）

者沒有安全感、極度地不安的這種心，而不應該停在這種恐怖中，反而說所學的沒用。是不是這樣的？01'13"

因為皈依三寶有一個因就是要怖畏後世墮落，所以這種怖畏是合理的，如果不知道害怕倒是危險的。當我們生起了這種恐怖之後，沒有去緣念三寶，反而回頭否定自己，這樣不是很顛倒嗎？這樣不是險處嗎？努力了這麼多年，要去追悔嗎？01'37"

所以要知道解決方案是什麼，你害怕就要皈依三寶。誰有能力幫我去除對生死的怖畏呢？是佛陀啊！那時候想到佛陀的功德我們去皈依的話，〈皈依三寶〉有寫到完全是可以去除怖畏。像觀世音菩薩就是聞聲救苦、施無畏，遊於這個娑婆世界度化我們。只要把我們那個怖畏的心，去緣念真正可以依靠的三寶境；不用停在那個怖畏的地方，不用否定自己這麼多年的所學。這連結上就可以了。所以這裡邊不論是念佛、不論是參禪，我們下腳的第一步一定是要走的。師父說：「千萬不要說：『我走這個，其他的不管了！』」「哎呀，這個我們學這個幹什麼啊？」這句話要向自己問哦！「這個是一個很大的障礙。」02'36"

像有的人雖然學習《廣論》了，但是會不會心情有不好的時候呢？最近如果障礙特別多、諸事不順，所以心情不太好，心情不太好就會想到：「我學佛怎麼學這麼苦呢？佛法對我有沒有作用呢？」02'53"

這個問題要怎麼解決？再往下一步，就到太平洋了！最近諸事不順，怎麼會導致佛法就沒有用了呢？諸事不順、心情不好之後，你用佛法調了嗎？用佛法調呀！如果諸事不順，這個壞心情、負面作意放在這兒存著、積累著，不去對治的話，那再美妙的法——醫生開的藥再好，你不吃的話怎麼治病啊？所以最重要的是我們能不能知道就是一種壞心情，它增益到自己對教法產生邪見了！這就是跳太平洋，這太嚴重了！03'32"

所以怎麼樣把壞心情變好？考慮考慮怎麼樣提正念，降伏自己的非理作意，或者負面能量、負向的思考，不要讓負面思考淹沒自己，到最後眼裡看出去都是灰灰的、都是傷感。要知道這樣的心是無常的、是可以對治的，它剎那、剎那都在遷流，它不是永恆的，它是可以被對治的！03'56"

　　一旦我們學教理之後，就會分析我現在的心，怎麼樣去緣念、去對治它，而不會淹沒在那個現行裡只是喊苦而已。我們因為生起了這種苦受，以這種苦受為依據、為因，反而去否定佛陀的教法！自己感到苦，佛法就不真實了嗎？釋迦牟尼佛離開王宮走進苦行林，夜睹明星，悟到緣起性空、悟到不可思議的解脫生死的那些法──因為我心情不好，那些法就沒有價值了嗎？就不是真的了嗎？因為我心情不好，所以一切都是不好的，就是「是顏色都是紅的」那個毛病就發作了！04'40"

　　這個時候要怎麼辦呢？要現起對治。你想想：我們這些對治法都是哪兒聽來的？全部是教理上聽來的，如果不學教理的話，每走一步都不知道怎麼辦。所以學本論還有學這個綱要，是非常非常重要的！每一步都是實修手冊，都是指導我們怎麼樣從現在陷溺我們的這種負面作意，這種悲傷、無助、惶恐之中跳脫的一個力量，所以大家一定要知道去用它。05'10"

　　有的同學問：那我講的這個例子，和「不管了就出門」、「走走可能會走到太平洋」有什麼差別呢？就是這個人學著、學著，他走錯路了！什麼走錯路？就是思路走錯了。比如感覺到心情不好的時候，要趕快去提正念，提起正念來對治這個負面的作意、負能量。如果我們怖畏後世墮落，或者怖畏後世得不到人身、遇不到教法，那麼這種怖畏要去想：誰能救？那就是唯有佛陀能救，唯有三寶是皈依！這個時候應該馬上提起皈依的心，而不能用這樣的心，反而回頭說：「我學這一生有什麼用？」因為現在痛苦、因為害怕，他走了另一條路，可是《廣論》不是這樣說的，《廣論》說當我們生起怖畏後世會墮落的心，開始害怕的時候，要去尋找誰是皈依，這個時候正是要皈依的時候！06'10"

所以你看，那路就反而走岔了。為什麼？就是《菩提道次第》他沒有學通呀！那條通路他通不上去，這個地方之後他突然向後拐了，他那地圖就沒有學清楚，地圖不是這樣走的！《廣論》上的都是我們的心路，你就知道到那個地方師父說該怎麼拐、怎麼拐、怎麼走，都是走向希望、走向正向的正能量。你們認為呢？06'37"

廣海明月

——道次第廣論講記淺析
第五卷

認真學《廣論》，
做個真正的
學佛人

線上音檔掃描

講次 0246

看破、放下、自在：談學佛與學我

好！我們接著聽下一段。

　　因為我曾經遇見過這麼很有趣的事情，有的人說：「法師啊，哎呀，現在這個時候念佛要緊，你講這個幹什麼，我趕快去修行啊，然後呢要打七剋期取證啊！」我聽了我非常讚歎，我說：「好啊，你剋期取證，我請問你，念了七天你取證了沒有？」他想了半天，沒有，對吧？然後呢你仔細一想啊，他說：「我不但念一個七天，念了好幾個七，到現在為止還毫無名堂。」現在太多這種人。然後呢自己念不對還勸人家：「哎，你不要去管啦！」然後呢一個七不對、十個七不對、一百個七

廣論音檔段落　舊版 4A 20:27～24:04
手抄稿頁／行　舊版 1 冊 P107-LL5～P109-LL6（2015 年版）
　　　　　　　舊版 1 冊 P107-LL6～P109-LL6（2016 年版）

不對。說實在話，我自己就這麼受了這樣的一個痛苦過來的。啊，大家拼命關在這個地方去念！以後我了解了一個事實：我們真正的目的是學佛，不幸的我們學錯了。學什麼？學我。我在這個地方得說一下，說一下。01'04"

這一小段字面的意思是非常清楚的，但是我們可以看到一件事情，修行人之間講話，是好朋友就可以直接說。他就直接說：「法師，你講《廣論》做什麼？還不趕快去修行！趕快去閉關剋期取證呀！」然後師父也是直接問過去：「你剋期取證了嗎？」那也沒有，說：「一個七不行，念了好幾個還沒有名堂。」師父說他自己也是受了這樣的一個痛苦過來的。大家都知道晝夜十萬佛號，師父說他輕鬆就可以完成的，師父是修過很多法、閉過很多關的人。師父說：「大家拼命關在這個地方去念！」注意！以後我了解了一個事實：我們真正的目的是學佛，不幸的是我們學錯了。學什麼？學我。02'07"

剛開始我們聽到這一段的時候，對師父一下子轉到這個地方會覺得非常地突然，為什麼一直這樣去念就是「學

我」的一個現象呢？師父接下來就會解釋，所以請大家接著聽。02'26"

　　我先舉個比喻，當初我看那個倓虛大師的《影塵回憶錄》，他老人家提出一個三個字來，三句話──看破！放下！自在！啊，美啊！世間的所以很多纏的是什麼？說看不破，你看破了嘛就放下了，放下了嘛就自在了。啊，覺得好高興！的的確確這六個字，大部分人一看就懂，然後呢自己覺得對了。不幸，錯了！這話怎麼講呀？這話怎麼講我要解釋一下。現在我們了解的「看破」，這兩個字，你只要念過小學都懂，如果念過中學、大學，那懂得更多。那麼為什麼懂得更多？就是說當你程度越深，你對這兩個字的內涵了解得越深，對不對？03'20"

　　到現在為止，我們了解這個內涵，說看得破的是什麼？看得破我們對世間，人世間這種是是非非；你在這方面看破了，你在人世間的是是非非可以減少一點。生死當中的是非你看破了沒有？你看破了沒有？這兩個字可沒有告訴你喔，世間用這兩個字沒告訴你喔！所以平常你一天到晚，哎呀，忙這個世間的東西，忙這個東西，哎呀，女兒要嫁、媳婦要娶、股票又要漲，然後這種事情，啊，忙得不得了！一聽見看破：欸，好，看破了。真正地看破呢，你還在世間的量則當中，對前面忙這件事情你是看破了，可是對佛法來說，你還不相應。你自己覺得居然懂了，然後你放下了，你放下的是股票，是稍微放掉一點，兒子女兒的事情，稍微減輕一點，但是心裡面還纏在這個地方。04'20"

相對地前面這個是稍微好一點，你要想拿這個跳出輪迴，跳得出嗎？我們平常說學，就是學這個。所以這個，仍舊在「我」這個圈子當中，結果你越學，你自己越覺得很得意咧。結果這個我是越學越大，弄了半天，請問你怎麼能跳出輪迴啊？太多人就犯了這個毛病，所以總是覺得：哎呀，這懂了，趕快去！明明萬修萬人去的法門，不幸為什麼現在這麼多人念了半天去不了的原因，都犯在這個毛病。還是說：「哎呀，我七天趕快行！」是！你七天去了，千真萬確的事實，見了佛，自然有最好的教授在。那個地方我們要自己仔細檢點一下呀！05'09"

　　大家有沒有看過《影塵回憶錄》啊？那個非常著名的「看破！放下！自在！」師父說：「這六個字，大部分人一看就懂。……當你程度越深，對這個兩個字的內涵了解得越深。」是對的！可是「到現在為止，我們了解這個內涵，說看得破的是什麼？看得破我們對世間，人世間這種是是非非，你在這方面看破了」，看破了之後，人世間的是是非非可以減少一點。05'46"

　　接著，還記著師父一下子轉到哪裡了嗎？「生死當中的是非你看破了沒有？」然後又問一遍：「你看破了沒有？」「這兩個字可沒有告訴你喔！」哪兩個字？看破！所以平常一天到晚說什麼女兒要嫁、媳婦要娶、股票要漲，然後忙、忙——看破了！對前面忙的事情看破了，可是對佛法來說，你還不相應。最重要的後面——「你自己覺得居然懂了，然後你放下了。」放下的什麼？是股票放下一點、兒女放下一點，但是心還纏在這個地方。06'33"

　　所以到現在為止，大家想一想：天天拼命用功為什麼是學我呢？到這兒看破也不對，看破的那些，它是世間的一個量則，還沒有到看破生死。看到這裡我們就想：哦！

原來師父是站在生死這樣的角度上，要我們來談學佛這件事。不是把世間的一點事情看輕了、看淡了就解決了，而是要往上攀登啊！要往上飛躍。我們要跨越的是生死這個深淵，不是僅僅爬上一座小坡就可以了。07'16"

所以師父接著說：「相對地前面這個是稍微好一點」，就是沒看破那些世間的是是非非，我們會比沒看破的那些人好一點。但是要想拿對世間的是是非非看破的這個力量跳出輪迴，跳得出嗎？「我們平常說學，就是學這個。所以這個，仍舊在『我』這個圈子當中。」結果越學越覺得意，這時候其實沒有看破生死輪迴，沒有為了生死輪迴在學習，可是卻自己得意囉！注意！結果這個我越學越大，弄了半天，說是能跳出輪迴嗎？怎麼能跳出輪迴！大多數人就犯了這個毛病。注意哦！這到底是個什麼毛病呢？師父接著說：「所以總是覺得：哎呀，這懂了，趕快去！」去做什麼呢？趕快去修。「明明萬修萬人去的法門，不幸為什麼現在這麼多人念了半天去不了的原因」，就是犯這個毛病！08'35"

所以師父希望我們好好地自己檢查一下。從一開始跟

道友討論要學《廣論》、還是修行啊、還是閉關啊,到看破、自在,然後到看破世間的是是非非,還是把生死中間的這個死結能夠看破。大家都知道生死的關要用什麼去破?要用空性去破。所以空性這件事如果不學的話,我們怎麼樣能夠在無明那個顛倒識對境的時候去取證無自性?是不可能的!我們無始劫來纏在輪迴裡的那顆心,會自己緣念到空性嗎?那得宿世有多大善根!09'23"

所以一旦不學教理,就會沒法生起對空性的正確的希求;希求心都可能生不起來,何況去聽聞、去了解,還有實修!所以想要跳脫生死這個願望,在沒有系統地學習佛陀宣說如何才是跳脫生死的法之前,就以為自己懂了,就以為自己看破的是生死關,實際上是世間的是是非非罷了!這是當頭棒喝啊!09'56"

如果我們真是修行的人,看到了這樣一個醒世——醒我們內心中的見解——的善知識語言,哎呀!那不是醍醐灌頂,也差不多吧!然後我們的心會有一種猛醒的感覺:對啊!我要去尋覓了脫生死之道,這些人世間的是是非非看破了,如何是生死的結使我還不知道呢!這件事唯有誰知道？佛陀知道，唯有佛在教典裡寫得清楚明白，所以一定要去學的！10'27"

講次 0247

《憨山大師文集》：欲斷生死，定須聞思

好！我們來聽下一段。

　　如果說我們另外一條路，有了圓滿的認識，然後你下腳一步，那一步都走對的，你跑一步、就對一步，跑一步、就對一步。所以祖師都告訴我們，譬如念佛法門，憨山大師說得很清楚，不但是憨山大師，其他的很多祖師。現在的念佛的人哪，到臨終的時候手忙腳亂，其實他眼前他根本不曉得這個念佛的意思是什麼，嘴巴裡面啊佛一直在念，生死的根支一直在長。念到臨終的時候，只是生死的業力在這個地方，一點消息都沒有！真正念佛的，當下都在生死的根支上面斬斷，是刀刀見血，用不到到臨終，當時念的時候你已經很清楚，這句

廣論音檔段落　舊版 4A 24:04～25:36
手抄稿頁／行　舊版 1 冊 P109-LL5～P110-LL6（2015 年版）
　　　　　　　舊版 1 冊 P109-LL5～P110-LL6（2016 年版）

佛號是派上用場的，積得淨業，當然你只要積夠了，到那時候臨終的時候自然去嘛！00'54"

那你怎麼樣才能夠認識這呢？喏，就是這個圓滿教法，非常簡單！你們只要認真地從本論學下去，要不了多少，他就告訴我們：喔，怎麼樣念是念得去的，怎麼樣念是念錯了。你了解了，然後去念，那的的確確是千穩百當，是萬修萬去啊！如果你條件夠一點，你要更升，說：喔唷，我不但是要邊地，不但要下品下生，然後上品上生，也在這個上面；不但是凡聖同居土是上品，乃至於我要進到實報莊嚴土的都有份，還是在這個裡頭啊！所以我說到這裡順便一提。01'40"

這一段大家有沒有注意到師父的第一句話說：「如果說我們另外一條路」，是和什麼比的另外一條路呢？就是前面舉的例子：「不管了！反正趕快用功」，還有就是「上來就開始修」，跟那個不一樣的路就是另外一條路。那麼另外一條路到底是什麼呢？「有了圓滿的認識」。請問大家：對什麼有圓滿的認識？如果說想要往生極樂世界的話，應該對於阿彌陀佛的功德，怎麼樣去念，要有什麼

加行、助行，還有要怎麼持戒這一系列的，乃至要生幾品、幾品，用什麼樣的發心，都有一個詳盡的教理上的了解。那麼往生極樂世界到底是為什麼？是像阿彌陀佛那樣有悲心和智慧，在因地的時候花七個大劫，用他的修行造出了這樣的極樂世界，功德圓滿了。所以我們要有圓滿的認識，「然後你下腳一步，那一步都走對的」。02'57"

師父說另外一條路，還有另外一點，就是我們到底是為什麼修行的？為了脫生死，還是為了令自他都了脫生死的這個目標，我要去成佛？注意哦！這另外的路，他是從發心開始就不一樣了——不僅僅是為了了脫個人的生死。就像迦陵頻伽鳥的雛鳥還沒有出蛋殼，在蛋殼裡的叫聲就跟其他的鳥是不一樣的。所以在發心的時候就不一樣。03'30"

如果我們對這條路、對這個成佛之路有了一個圓滿的認識——那我再問大家：對成佛之路有圓滿的認識，怎麼認識？你接著聽，內心中的疑問慢慢就會有回答。03'45"

接著師父說：「下腳一步，那一步都走對的，你跑一步、就對一步，跑一步、就對一步。」看起來是非常地扎實！「所以祖師都告訴我們」，接著師父舉到了念佛法門，說憨山大師說得清楚，而且不但是憨山大師，很多祖師都是這樣講的。04'09"

為了研究憨山大師到底說了什麼，我這裡給大家念一下《憨山老人夢遊集・卷第七》中這一段。04'19"

《憨山老人夢遊集・卷第七》，說：「念佛求生淨土一門，元是要了生死大事，故云：念佛了生死。今人發心，因要了生死，方纔肯念佛。只說佛可以了生死，若不知生死根株，畢竟向何處念？若念佛的心，斷不得生死根株，如何了得生死？04'56"

如何是生死根株？古人云：『業不重不生娑婆，愛不斷不生淨土。』是知愛根乃生死之根株，以一切眾生受生死之苦，皆愛欲之過也。推此愛根，不是今生有的，也不是一二三四生有的，乃自從無始最初有生死以

來，生生世世，捨身、受身，皆是愛欲流轉，直至今日。翻思從前，何曾有一念暫離此愛根耶！如此愛根種子，積劫深厚，故生死無窮。05'45"

今日方纔發心念佛，只望空求生西方，連愛是生死之根的名字也不知，何曾有一念斷著？既不知生死之根，則念佛一邊念，生死根只聽長，如此念佛，與生死兩不相關。這等任你如何念，念到臨命終時，只見生死愛根現前，那時方知佛全不得力，卻怨念佛無靈驗，悔之遲矣！06'23"

故勸今念佛的人，先要知愛是生死根本，而今念佛，念念要斷這愛根，即日用現前。在家念佛，眼中見得兒女子孫、家緣財產，無一件不是愛的，則無一事、無一念不是生死活計，如全身在火坑中一般。不知正念佛時，心中愛根未曾一念放得下，直如正念佛時，只說念不切，不知愛是主宰，念佛是皮面，如此佛只聽念、愛只聽長。且如兒女之情現前時，回頭看看，這一聲佛果能敵得這愛麼？果然斷得這愛麼？若斷不得這愛，畢竟如何了得生死？以愛緣多生習熟，念佛纔發心甚生疏，又不切實，因此不得力。若目前愛境主張不得，則臨命終時，畢竟主張不得。07'40"

故勸念佛人，第一要知為生死心切、要斷生死心切！要在生死根株上念念斬斷，則念念是了生死之時也，何必待到臘月三十日，方纔了得，晚之晚矣！所謂目前都是生死事，目前了得生死空，如此念念真切、刀刀見血，這般用心，若不出生死，則諸佛墮妄語矣！故在家、出家，但知生死心，便是出生死的時節也，豈更有別妙法哉！」08'22"

這一段祖師的語錄是比較白話的，大家可以好好想一想。只不過這裡邊的愛，我們可以從十二因緣的流轉了解一下，它始於根本無明，如果不學習空性的話，也很難斬斷這個根本。所以師父這裡邊說：「佛一直在念，生死的根支一直在長……，一點消息都沒有！」真正念佛的，當下你就會知道你造的是個淨業。其實關於這一點，我也問過師父。師父說：「你功夫做得得力的時候，這一聲佛號到底心裡邊有沒有底氣，你自己是非常清楚的。有一些人用功，外面騙騙別人是可以的，但是終究是騙不了自己

的，所以這個功夫要扎實地用啊！」09'15"

　　這一小段，看一看和《憨山大師文集》裡這一段幾乎是一模一樣的。而且在師父的日記裡談到生死，也都是這樣的一個痛切之心。憨山大師是這樣講的，很多祖師也是這樣講的，師父也是這樣講，他也是這樣做的。所以對我們學習的人來說，確實應該先有圓滿的認識——比如說什麼叫生死？怎麼叫了生死？什麼叫能夠淨化這個生死的根本？憨山大師整篇都在講這個，說我們弄不好就全身像在火坑中一般，三界輪迴就是這樣的。所以如果我們不去學整本的道次第，不去了解什麼是生死、生死的過患是什麼，如何脫離生死？如何尋覓空性？如何發大乘心？不學這些教理，我們也還是不清楚。所以師父才勸我們說有另外一條路——有圓滿的認識，然後下腳一步就對一步、跑一步就對一步。這真是對我們的一番痛切之心啊！10'28"

　　如果大家想要真的好好修行，就不能把師父的話當作耳邊風，還是自己做自己的，認為自己那個比較有道理。聽一聽善知識們怎麼說，再聽一聽祖師、菩薩都怎麼說。我們是要學佛的，那麼學佛和學我的差別到底是什麼？到底我們有沒有懂佛陀是怎麼講生死這回事的？怎麼去了生死的？所以一定要學教理呀！教理就是佛陀講的，佛正法有二──教正法和證正法，要對教正法進行精進地聞思，然後才能夠進入證正法的修證。11'11"

線上音檔掃描

講次0248

從凡夫到成佛的綱要，全在《廣論》裡

　　師父在上一段說，有了圓滿的認識，下腳的每一步都能夠對，然後自己在用功的時候，比較知道——比如念佛，這個佛號是派得上用場的。我們積了一個淨業，積夠了就可以不用手忙腳亂。「那麼到底怎樣才能夠認識呢？」師父說：「喏，就是這個圓滿教法」。接著四個字——「非常簡單！」他說：「你們只要認真地從本論學下去」，我們只要學《廣論》，就會認識到圓滿的教法，有沒有發現？那麼不學的話，就不了解佛陀是在講什麼。當然學了之後，你可能沒有聽懂宗大師在講什麼，到最後可能還是在學「我」。關鍵這裡是說「有了圓滿的認識」，我們的認識要清淨圓滿、沿著這個傳承的教法學下來的，不是弄自己那一套。就是要改換頻道！01'28"

廣論音檔段落　舊版 4A 24:04～25:36
手抄稿頁／行　舊版 1 冊 P109-LL5～P110-LL6（2015 年版）
　　　　　　　舊版 1 冊 P109-LL5～P110-LL6（2016 年版）

　　然後師父又回到了念佛，說：「怎麼樣念是念得去的，怎麼樣念是念錯了」，我們要了解了再去念。接著說：「那的的確確是千穩百當，是萬修萬去啊！」說如果條件再夠一點的話，不但是要到極樂世界邊地了，下品下生、下品上生、中品、凡聖同居土，最後就到了什麼呀？到了實報莊嚴土，到了這麼高的境界呀！所以我們都有可能去那裡，因為我們得到了這個暇滿的所依，能夠對佛教生起信心，能夠堅持學下去！所以得一次人身要好好地利用它。每一分、每一秒的時光對我們來說都非常地珍貴，一定要用它來造集非常殊勝的淨業。02'32"

　　所以今天學的這些，如果大家能夠再再地想一下，不管我們是剛學《廣論》，還是學了很多很多年了，要隨喜自己能夠遇到這麼圓滿的教法。我們可以完整地、清淨地遵循佛陀的教誨，聽一聽佛是怎麼講的，真正地像師父希望我們那樣去學佛，而不是拼命用功、拼命用功，結果不知道佛法在講什麼，終究是在轉自己的那一個區域的事情。我們的區域的事情就是生死輪迴啊！可是只有佛陀有講了了脫生死的法，不學佛陀的教法，怎麼樣了脫生死呢？03'25"

　　然後，師父在第二段說：認識圓滿的教法，非常簡單！就是要從這個本論學下去，要不了多久就會學會了。那麼為什麼學習本論就會了解圓滿的教法呢？還記得師父說：「實際上就是從凡夫地，達到究竟圓滿成佛的圓滿的綱要，全在裡頭」，對吧？全在本論這裡邊，要學習！那麼看看其他祖師的看法是什麼呢？像《現觀莊嚴論》中有說：「緣佛等淨信，精進行施等，意樂圓滿念，無分別等持。」《顯明義釋》對《現觀莊嚴論》的這個偈子有詳細的解釋。貢唐大師的《顯明義釋筆記》提到：「這個偈子開示了信、進、念、定、慧，就是一位補特伽羅成佛的一切道，都攝為三士道次第，而信、進、念、定、慧含攝了道次第的圓滿道體。以皈依為主，其他下、中士道都是皈依的支分，因此下、中士道攝為信根；上士道就攝入了進、念、定、慧四根當中。『緣佛等淨信』開示了趣入總體聖教之門是皈依；『意樂圓滿念』開示了趣入大乘之門是發心；『精進行施等』開示了進入大乘之後，總學六度的道理；而『無分別等持』等開示了別學後二度的道理。」05'30"

　　另外阿克慧海大師在他的《廣論講解誦授的筆記》中也有提到：「貢唐文殊說：《現觀莊嚴論》提到『緣佛等

淨信』等文，是大乘道次第的總綱。這之中最初需要對善知識的信心、緣著佛陀等的信心、相信業果的信心、相信四諦的信心、對於三學道的信心，以及對於無上菩提的信心之門而發心等。這以上都是信心的法類。06'07"

《現觀莊嚴論》一開始對一切智做禮讚，在《辨析》中它有說：『無常等十六行相所攝的是共中士道，因此『緣佛等淨信』開示了共下、共中的道。』在〈慈氏論典〉中也有說：『第一句開示了信心等共下、共中士道，後面的句子則是開示上士道的一切相智、施等六度以及意樂圓滿──發心，冠上『念』的名稱；『無分別等持，知一切諸法，智慧等為五』，將靜慮和智慧別別宣說。《廣論》既發心已學行道理，以及別於後二度學習道理的說法與此是相順的。因此《現觀莊嚴論》與《廣論》的科判是相似的。』」所以它確實是一個從凡夫地到成佛的圓滿綱要的引導。07'09"

這是再列舉一下其他的善知識們的教理依據，讓我們對師父所講的「有圓滿的認識」這一點，可以再做一個更廣泛的探討，所以大家一定要好好地珍惜！07'28"

廣海明月

——道次第廣論講記淺析
第五卷

一看《廣論》，
所有修行問題都
解決

線上音檔掃描

講次0249

《道次第廣論》依據《道炬》而出現

好！我們接著來聽下一段。

> 那麼這是個大綱，這個《現觀莊嚴論》這是整個的，至於說個別的那麼是什麼呢？說《菩提道炬》，《菩提道炬》是阿底峽尊者造的。

故彼造者，亦即此之造者。

> 所以造《菩提道炬論》的這位尊者，就是本論的作者，因為這個綱要整個地照著，換句話他的藍圖，他的藍圖。實際上宗喀巴大師的這個內涵，的的確確是完完整整地接受阿底峽尊者的圓滿的傳承。阿底峽尊者的傳

廣論音檔段落　舊版 4A 25:36～27:04
手抄稿頁／行　舊版 1 冊 P110-LL5～P111-LL7（2015 年版）
　　　　　　　舊版 1 冊 P110-LL5～P111-LL7（2016 年版）

承，經過幾方面，最後到宗喀巴大師身上，他有所有的傳阿底峽尊者的老師的，一一都傳到宗喀巴大師身上，這是事實。00'56"

還有一點要特別指出來的，就是就本論的內涵來說，對於我們應機來說，本論還遠超過《菩提道炬論》。前面已經說過了，不是說本論比《菩提道炬論》好，不是，而是說應我們的機，這一點要很清楚、很明白，這樣。所以對我們現在來學的話，你們不妨把兩個論看看，《菩提道炬論》你看的話，你看了半天莫名其妙，可是本論的話一看，所有的修行的問題都解決──你念佛，念佛成功；參禪，參禪成功；學教，學教成功。這一點我順便一提。01'34"

好！現在我們看，說：「故彼造者，亦即此之造者。」師父說：「所以造《菩提道炬論》的這位尊者，就是本論的作者」，這句話大家是怎麼理解的？是說《菩提道次第廣論》是阿底峽尊者造的嗎？是這個意思嗎？還是有人說：「也許他們是同一心續，不同的示現。」六世班禪大師說：「不是《道炬論》的作者就是《道次第廣論》

的作者，這是在說：如果《道炬論》沒有出現三士道次第的說法，就沒有這本《菩提道次第廣論》，會出現這本論就是依據《道炬論》才出現的緣故。總之，《道炬論》所說的三士道的次第和本論所說的三士道的次第是同一個。」這樣理解比較好。02'49"

師父也說：實際上宗喀巴大師的這個內涵，的的確確是完整地接受了阿底峽尊者的圓滿傳承。最後終於傳到了宗大師身上，所有的傳阿底峽尊者的老師的，都傳到宗大師身上，這是事實。03'13"

接著「還有一點要特別指出來」，請問那一點是什麼呢？你們有預習吧？師父說：「就本論的內涵來說，對我們應機來說，本論還遠超過《菩提道炬論》。前面已經說過了，不是說本論比《菩提道炬論》好」，不是這樣的，而是說我們看《菩提道炬論》能不能看懂呀？大家可以試著看一下。而是說這個《菩提道次第廣論》更應我們的機，「這一點要很清楚、很明白。」誰很清楚、很明白？是自己吧！看書的人會自己明白：看《道炬論》的時候就會沒有像《廣論》看得那麼懂。04'12"

　　所以對我們現在來學的話，師父說：「不妨把兩個論看看，《菩提道炬論》你看的話，你看了半天莫名其妙，」不知道其中是怎樣，「可是本論的話一看，所有的修行的問題都能解決——你念佛，念佛成功；參禪，參禪成功；學教，學教成功。」如果本論的話，看一看所有的修行的問題都能解決，那麼我想問大家一個問題：我們看了《廣論》之後，有沒有解決我們原來在比如說念佛、參禪這樣的過程中產生的疑問？還有師父後面，注意！「念佛成功、參禪成功、學教成功」，這個成功是什麼？是穿越了障礙，對吧？我們有沒有透過《菩提道次第廣論》穿越障礙呢？有沒有把《廣論》上所說的教理和自己的學修結合起來呢？05'18"

　　比如一個最簡單的問題：聽法的歡喜心。剛開始師父在美國講《廣論》的時候是很艱辛的！講著、講著人就都走了，剩下師父一個人。然後再開始講、再走了！師父就是這樣周而復始地堅持講下來，講到現在有這麼多同學在學《廣論》。對我們來說，我們剛開始接觸《廣論》的時候，有的人一聽之下就是相見恨晚哪！有很多很多那種對於佛法的虔誠、對於佛菩薩的虔誠，由於學《廣論》的原

因，就像泉湧一樣出現！但是也有的同學學了一段之後，他這種感覺就不是每天都在增長，然後慢慢平淡，有的時候甚至有點麻木了。那這個時候怎麼用我們在《廣論》裡學到的這些教理，來度過這個有點生不出來感受的階段呢？大家可以想一想。06'29"

還有我們拜佛有的時候很相應，有的時候就很平淡，還有的時候甚至不想去拜佛。那麼這個過程中該用一種什麼樣的推動力，把自己低落的心讓它昇華起來？用什麼樣的對治法呢？是不是要憶念佛陀的功德，憶念暇滿的勝利，甚至憶念菩提心的勝利，用這樣令心歡喜的法類，試著去對治一下自己那種下沉的狀態？07'04"

注意哦！師父說，學了《廣論》的話，不是說很多問題，是所有的修行的問題都能解決。我們看到這句話的時候，我們會有疑惑嗎？這本《廣論》會解決所有的修行的問題嗎？那請問：三士道會解決所有的問題嗎？那我們所有的問題的根源到底是在哪裡？如果是在無明的話，解決無明可不可以解決所有的問題？這個問題大家可以想一想。07'47"

線上音檔掃描

講次 0250

修行即生活，生活即修行

　　我再問大家一個問題：如果我們修行的問題這本論都可以解決的話，那我們生活中的問題這本論可以解決嗎？說：「那不一定！生活是生活、修行是修行，這兩個是不一樣的。」這樣答可以吧？那麼在生活的時候是沒有修行的問題的，在修行的時候也不會碰到生活的問題，所以這兩塊是別別無關的，是這樣的嗎？《廣論》解決了修行上的問題，但是未必能解決生活的問題，是這樣嗎？00'39"

　　大家往後看就知道我們在《廣論》上所提倡的修行是指二六時中念茲在茲，主要是心中正知正念的提持。那麼生活的時候需要有正念嗎？生活的時候沒有正念會發生什麼事呢？就是會被壞習慣牽著走。我們與人相處、我們對

廣論音檔段落　舊版 4A 25:36～27:04
手抄稿頁／行　舊版 1 冊 P110-LL5～P111-LL7（2015 年版）
　　　　　　　舊版 1 冊 P110-LL5～P111-LL7（2016 年版）

待錢財，比如說你所花的總超過你所賺的，這樣的話你怎麼可能不缺錢呢？賺一個，花兩個、花三個，那怎麼可能不天天掙扎呢？肯定會為這個錢財掙扎。那麼像類似這樣的問題，《廣論》也可以解釋嗎？因為學、學、學，我們會增加智慧，我們就會用這個增加的智慧審視我現在的生活狀態，去看出哪種行為、習慣是對我的快樂有妨礙的，然後我們就去調整。所以一旦能解決修行的問題，是否就可以解決生活的問題？01'36"

還有我們修行人是「生活是生活、修行是修行」，還是「修行就是生活、生活就是修行」？如果這兩者合而為一的話，那是怎麼合起來的呢？因為生活也是用心活著吧？修行也是用心來修行。所以只要關注內心，平復內心的這些波瀾起伏，然後降伏內心的貪瞋癡，是否就是很多問題的解決方案呢？02'05"

那麼是不是所有的問題都透過降伏內心來解決？那就涉及到這疑問了：佛陀要我們覺悟內心，而覺悟內心就等於徹底了結了輪迴的這件事情，這件事是真的、假的？透過薰習教理，然後生死的問題如果能夠解決，人生還有什麼大事情呢？還有什麼東西那麼怖畏，讓我們沉甸甸地放在心上，壓得透不過氣來呢？如果那麼大的問題都能解決，小問題不能解決嗎？一個人能夠搬起一百斤，難道拿不起一斤的重量嗎？02'44"

所以，如果我們慢慢地學會用教理來打開我們在每一件事上所執著的那個點──心會攪在那個地方打一個死結，然後就特別放不下或者特別痛苦，有的時候甚至沒法睡，或者也吃不下，晝夜牽纏著這個苦，這個苦斷也斷不了、放也放不下，真的是非常地難熬；這個時候，去聽一下師父的《廣論》，或者是翻開教典看一下，然後就好像突然出現一個隔離空間，對我們身心像刺一樣正在扎著的那種痛，就好像抽離了一下，突然間就有一個很深的療癒。這是一個療癒的層面。03'27"

還有的人想要問題解決，一直找不到解決方案，靈感就是不出來，不知道該有什麼解決方案。這時候還是自己慧力沒提升到那個可以穿越困境的高度。那我們一直學教理、學教理的話，就深入經藏、智慧如海。當我們的智慧慢慢攀升的時候，我們就越來越能夠面對每天這些大大小小、林林總總的事情，對我們的身心所產生的撞擊。我們穿越了一個、超越了一個、飛翔了一個，就會更有勇氣和力量去面對下一個。04'04"

所以，雖然師父沒有說所有生活的問題都可以解決——但是所有生活的問題還是心的問題，對吧？心靈的問題。比如心對教理的認識，心對自心的認識，心對人際關係的認識，還有心對財富、對朋友、對眷屬、對世界觀⋯⋯，對很多問題的認識。透過學習佛法之後，佛陀就像一個導師一樣，引領著我們在任何事情的抉擇上不要失去正知正念。因為有正知了之後，才不會讓內心的煩惱氾濫和翻滾。我們的內心不會被煩惱佔據的時候，被一個正知正念所引領的時候，才知道哪裡是快樂的、哪裡是痛苦的，才會對當下所面對的問題，拿出一個最好的解決方案。而不是隨著情緒，隨著自己過去的習染去做那樣一個並不理性的抉擇。05'02"

所以如果所有的修行問題都能解決的話，是不是我們由於值遇了《廣論》之後，我們的生活將會一層、一層、一層地超越原有的藩籬，進入到稍微自由一點的空間？因為這全是智慧提升了的緣故。05'19"

所以師父說「所有的問題都能解決」這一點，大家是怎麼思考的？05'26"

反過來我再問一下：所有的修行問題都能解決的話，那是不是我們對於修行所產生的疑問，可以在《廣論》上尋找呢？但是如果學了一段時間還找不到解決方案，那是什麼問題呢？是《廣論》上沒有講，還是我不會找？還是我不熟悉？還是發生了問題之後，我不知道該拿哪一段的教理來對治？如果是這樣的話，我不知道拿教理來怎麼對治，就更應該去尋覓：我現在這個心的狀態，該用《菩提道次第》哪一段來對治呢？應該去尋覓，而不是說：「啊！我學了這麼久，好像煩惱沒調伏多少。」然後反而退心不學了。06'21"

師父說的「所有的修行的問題都能解決」這一句話不是隨便講的，因為《菩提道次第廣論》這裡邊有三世諸佛所講的奧秘，關於如何從凡夫到佛地的所有道次第，這裡邊是沒有缺少的。我們用這麼少的時間就可以學到諸佛的

心要，這不是一個很少的福報就能夠感得的一件事情。那
我們遇到了之後，是否能夠感受得到《菩提道次第廣論》
可以解決我們修行的所有問題？07'00"

廣海明月

——道次第廣論講記淺析
第五卷

尊者傳記：
圓滿種中受生
事理

線上音檔掃描

講次0251

長劫累積的修行，方感得圓滿出身

好！接著我們聽下一段。

彼復即是大阿闍黎勝然燈智，別諱共稱勝阿底峽。

「勝然燈智」就是他翻譯成功的名字，那麼「別諱」，他的諱叫阿底峽，阿底峽是西藏人的尊稱，翻成我們中國話就是殊勝、最超勝的。比如我們對最最特別的，我們稱他某某尊者、某某大士這一類，那麼這位阿底峽尊者，西藏人通常稱呼這樣，就是說表示對他最尊貴的、最尊敬的一種稱呼。00'44"

廣論音檔段落　舊版 4A 27:04～4B 02:56
手抄稿頁／行　舊版 1 冊 P111-LL6～P114-LL4（2015 年版）
　　　　　　　舊版 1 冊 P111-LL6～P114-LL5（2016 年版）

　　這一小段，師父在解釋「勝燃燈智」，別諱「阿底峽」。說：「阿底峽是西藏人的尊稱，翻成我們中國話就是殊勝、最超勝的。」就表示對他最尊貴的、最尊敬的一種稱呼，這句話就是這樣的意思。01'09"

　　接下來我們要聽「其殊勝分三：圓滿種中受生事理，其身獲得功德事理，得已於教所作事業。今初」01'24"

> **其殊勝分三：**^一**圓滿種中受生事理，**^二**其身獲得功德事理，**^三**得已於教所作事業。　今初**

　　分三部分，第一個呢就是他自己的出身，說「圓滿種中」，他的家世等等，第一個。第二個呢自己的獲得的功德，換句話說，第二個就是自利。這個自利又分兩部分：教、證等等；現證的，以及教理方面的。然後呢得到了這個，最後所作的事業純粹是利人方面的。它分三部分當中，後二者容易懂，說自利、利他。第一點哪，是「圓滿種中受生事理」，這個要說一下。我們平常有一句話，叫「英雄不論出身低」怎樣、怎樣，說這個真正的英雄，不講他的出身。那麼現在這個地方，卻又牽涉到他的出身,這個說他的家世的圓滿。這有什麼關係呢?大有關係,大有關係!因為平常我們說「英雄不論出身低」,那是就世間的衡量標準,世間的衡量標準只看眼前——果;換句話說這個人在世間,所產生的世間的功效:喔,這個人創造時勢是個大英雄!只看這一點,其他的不管。佛法講的是三世因果,而這個三世,從以前的無限,是無量無邊以前,一直到圓滿成就,這個時間是無量無邊。03'13"

我們也了解,一個大乘佛法的修行,絕對不是短時候可以成功的。雖然《華嚴》上面說:「善財童子以十信滿心,一生取辦。」可是從凡夫到十信滿心,卻是經過很長的時候喔!那麼前面這個修行,因為有了修行的因,感得眼前的果;所以他前面的越圓滿,那麼這一生感得的果也一定越圓滿。而這個圓滿從哪裡開始?從出身開始。這點我們要了解的。所以佛法裡面很多祖師,有很多祖師,雖然是祖師,可是祖師的位次的高下,卻跟他宿生的業因有關係。說凡是越高的,他的出身一定越圓滿;下面的那就不一樣,看他偏重於哪一方面。不過有一個要例外,權位菩薩不算。所謂權位菩薩他本身已經成了佛了，他只是跑得來應你們這些根性，所以他並不顯示他自己的每⋯⋯只是偏的，只權現那一部分。在這一點來說，這個所現的一定不是圓滿的教法，這也不是我們這裡談的。04'32"

　　大家剛才聽到阿底峽尊者從圓滿種中受生的事蹟，還有他自己教證的功德，乃至得已於教所作的事業，分這三個科判。在第一段中，師父就「圓滿種中」說了他的家世。然後又提出了一個問題，說英雄是不論出身低的，你只要做一番轟轟烈烈的事業，沒人在乎你的出身。但是在這個地方又牽涉到尊者的出身，說家世是圓滿的，師父說這個有大關係的！接著就出現了一個標準——世間的衡量標準，大家有沒有記得？是只看什麼呢？只看眼前的果——看「這個人在世間所產生的世間的功效」，比如說創造時勢是個大英雄。下面還有一點：「只看這一點，其他的不管。」那麼佛法講的和世間講的只看果差多少呢？「佛法講的是三世因果」，而這個三世到底有多長呢？師父說：「從以前的無限，是無量無邊以前，一直到圓滿成就，這個時間」，在這裡邊講了四個字，叫「無量無邊」！06'08"

　　在這個部分，對「圓滿種中受生事理」的家世圓滿的問題，師父給我們拉開了一個無量無邊的時間概念。既然有無量無邊的時間概念，就會有一個心續在這無量無邊的時間、空間中存在，它會由三世因果這樣的次第一直成熟下去。所以在提到阿底峽尊者「圓滿種中受生事理」的時候，師父讓我們注意到了一個無量無邊的時間概念。說從無限悠遠的過去到現在、到無限悠遠的未來。尊者的家世，居然可以放到這麼悠遠的一個時間的洪流中去讚美！我們可能想到這裡就會斷線了，不知道該怎麼想下去。07'08"

　　那麼，為什麼要在這麼長的時間裡邊去讚美阿底峽尊者圓滿種中受生的這個事理呢？大家有沒有想過？想一下，為什麼要放這麼長的時間呢？接著就出現了：一個大乘佛法的修行，絕對不是短時間可以成功的。為什麼需要這麼長的時間呢？因為他是一個大乘佛法的修行者，是用非常、非常漫長的時間在修行。所以舉了《華嚴》上面的善財童子，說：從凡夫到十信滿心，經過了很長的時間，「那麼前面這個修行，因為有了修行的因，所以感得眼前的果」。08'00"

　　在這無量無邊的時間裡，師父讓我們去看這個「圓滿」兩個字。師父說：「前面的越圓滿，那麼這一生感得的果也一定越圓滿。」而這樣的圓滿從哪裡開始呢？居然是從出身開始的！接著師父說：祖師位次的高下，一定跟宿生的業因有關係，凡是越高的出身一定越圓滿。但是如果他已經成佛了就不一定，他會隨著弟子的根機隨宜地示現。08'40"

　　在這一小段裡，我想提一個問題：「圓滿種中受生的事理」，其實我們倒很樂於聽一下阿底峽尊者的出身，但是在講述阿底峽尊者受生圓滿的這個事相中，師父把無量無邊的時間放進去，還有把那麼長劫的一個大乘修行者從因到果的圓滿放進去。這樣的話，就讓我們想到：尊者圓滿的受生不是沒有因的。那麼往昔劫這個圓滿的因，到底經歷了多長的時間才達到今世的圓滿呢？這裡邊就充滿了一個大乘行者在因地的時候刻苦修行的點點滴滴，乃至可歌可泣的這些故事。09'32"

　　所以這「圓滿種中受生」，並不是像看起來那樣——出生在王族，地位非常地顯赫，好像生來就與眾不同，沒

有那麼簡單！如果去看他的因的話，這是長劫累積的修行結果，所以這個圓滿種中受生，我們就會在心裡邊肅然起敬。因為這是一個修行所感得的圓滿，並不是天生就不平等，他生來就是王子。10'02"

師父在「圓滿種中受生事理」的這一件事上，就讓我們看到：我們看一件事情的角度往往從現世的角度去看，就算過去有因，也不會從無量無邊這樣的時間去看，更不會從一個「他是大乘修行者」的一個角度去看。10'26"

當我們看到阿底峽尊者圓滿受生的這件事的時候，師父大大地改變了我們對這個事情的觀點和看法。在這一件事中，讓我們看到了時間的遼闊，還有一個生命的巨大轉變。因為他從不圓滿到圓滿，都是在變，而這個變的過程中是越變越精彩、越變越無與倫比，直到走到無見頂相──難以企及的頂峰。我說的難以企及，是凡夫在因地的時候難以企及，如果刻苦修行的話，也會修成那樣的無見頂相。11'09"

這個章節我也是看了很多次，一直在想：師父在「圓滿種中受生事理」著墨這麼多，到底要告訴我們一個什麼樣的道理？介紹一下阿底峽尊者出生在王族非常地顯赫就可以了，為什麼一定要去找尋有多圓滿、這個圓滿是怎麼出現的？為什麼要解釋這些呢？大家想一想。11'39"

解釋這些的原因到底是什麼呢？是不是為了讓我們也能夠修集這樣的因？讓我們的心從眼前的這些事上也看一看，實際上我們的生命放在一個時間無量無邊的尺度上——時間無量無邊叫不叫一個尺子呢？無量無邊是尺子嗎？尺子好像都有頭有尾，無量無邊也是一個尺子嗎？如果放在這樣的一個長度，去丈量我們生命的圓滿的話，那我們是不是也可以為自己的生命做一些什麼？因為畢竟那些因都是自己種的，果也是自己受的。12'19"

講次 0252

教、證二法即是最佳自利

　　在介紹科判的這一段，師父說家世是第一個。第二個是他自己所獲得的功德，師父在這裡邊說自利。這個自利的部分，不用想成是完全的自利，有的是為了利他的自利，比如說你如果想救一個（掉進水裡的）人的話，先學會游泳還是必要的。你說這游泳是自利嗎？當然掉進水裡之後你自己可以游出來，但是看到有其他人的時候，你也可以幫忙他們。00'31"

　　那麼問題不是說是不是「完全的自利」，接著想一想師父怎麼講的。說自利又分兩個部分，記得是哪兩個部分嗎？教正法和證正法——師父說現證的以及教理方面的。00'50"

廣論音檔段落　舊版 4B 00:00～02:56
手抄稿頁／行　舊版 1 冊 P113-L1～P114-LL4（2015 年版）
　　　　　　　舊版 1 冊 P113-L1～P114-LL5（2016 年版）

　　諸位聽到這一段，或者看到這一段的時候在想什麼？
00'55"

　　學尊者的傳記，就是為了啟發我們對於上師三寶的信心，可以改變我們生命中的不圓滿和痛苦。那麼此處出現了「其身獲得功德事理」的自利，自利的角度，師父說從教、證兩個方面。01'16"

　　我想問大家：如果我們想為自己做點什麼事的話，我們會做什麼呢？01'23"

　　給自己泡一杯茶慰勞一下自己、讓自己去旅行、去把掙來的錢花掉，還有做一些什麼覺得好像對自己挺好、挺滿足那樣的事情，應該會列一堆吧！就叫「享受」── 愉悅感 ──對吧？我們會做一些這樣的事情，覺得這是對自己有利的，是不是這樣？我們大概就這樣照顧自己。01'48"

　　但是在此處師父說：教正法是什麼？是對自己最好的，證正法也是對自己最好的，自利不就是這樣嗎？最佳

利益自己的方式。這個和我們平常的概念區分應該是很大的，儘管我們修行很多年了，但是提到照顧自己，我們會用什麼樣的方式來照顧自己呢？會想到最美的自利是教正法的圓滿和證正法的圓滿嗎？這兩個字突然在這一段中跳出來的時候，不知道你們會不會被嚇到？我們幾曾想過用教理完成對自我的最佳保護，用證正法完成對我活這一生的最佳獎賞？可是此處卻赫然地寫著「教正法、證正法」！02'43"

那麼從法的定義上來看——法性悲憫，具有從惡業中救護、從煩惱中救護、從痛苦中救護這樣的功能。那麼看一看我們在世間做種種、種種的事情，還不是讓自己從苦一點的、不那麼悅意的地方到更悅意的地方。可是我們能把自己的苦樂和教正法用一條最短的線連起來嗎？說：「請你休息一下吧！」我們有想過在正法中休息嗎？讓我在我法二執中焦灼和翻滾的這個心放在一個正理觀察的空地上，我們就可以休息。有聽清我講的嗎？03'30"

用教正法和證正法利益自己——利益自己包括保護自己，當自己憂慮的時候讓自己不憂慮等等、等等，把我們的心從負有缺憾的種種現狀中救護出來。而且師父輕描淡寫地，像白雲出岫一般流暢地講出了這句話，可是在我心裡引起了雷鳴般的作用：哦！原來教正法和證正法是最佳自利的一個方式。04'04"

所以看到此處的時候，大家是否可以靜下來想一想：我們這一生做的最想要利益自己的事情，離師父的這一句話隔多遠呢？我們是否會在這一句話上讓自己徹底地醒覺一下——教正法和證正法可以完成對我自己生命最深刻的、最悠遠的、最究竟的利益嗎？04'35"

如果說：啊！那暫且成立這樣是對的。那麼在我們學習教理的時候，多少都覺得心裡會有一個疑惑：「這是在修行嗎？這是在離苦得樂嗎？」當我們在聽聞佛法的時候，當我們在背書的時候，當我們在辯論的時候，當我們在廣論班裡跟別人研討《廣論》的時候，我們是否會直接感受到：其實這就是對我生命的最佳利益，我就在用最佳的方式利益自己——圓滿自利，走在最正確的利益自己的路上？05'10"

　　還是我們都有些許的疑惑：我天天聽法這是修行嗎？是不是我得去真正地修行——盤腿坐在那兒念儀軌？或者說打坐才是修行？好像對教正法的聞思就不是修行，不是能夠利益我的生命的。我們心中或多或少都有這樣的一些念頭存在著，是否是這樣呢？如果是這樣的話，那些祖師大德為什麼一定要教誡我們深刻地、認真地學習教理？教理到底跟離苦得樂有什麼關係？指示了我內心怎樣的方向？我真的需要上來就學教理嗎？這些問題大家可以好好地問一下自己。06'03"

　　還有學了這麼多年的教理之後，有的人就說：「我煩惱有斷很多嗎？好像沒有實修。」但是在學《廣論》的時候，到底糾正了多少可怕的錯誤呢？我們就沒有去算了！比如說謗法罪，比如說不知道親近善知識，還有親近善知識之後不如法的行為……，自己透過學《廣論》能夠取捨，能夠憶念三寶功德，知道大乘的法必須修菩提心，乃至要出輪迴必須修空性……，這些概念在《菩提道次第廣論》之中幾乎是隨處可見的，好像走進了寶山一樣。我們會覺得獲得這樣的見解是很自然的，因為這是《廣論》教的。可是如果沒有用這麼長的時間學習《廣論》的話，我們到哪兒去尋覓這樣圓滿的見解，用這個見解充盈我們的內心，從而避免走彎路呢？好像修行沒有所成的樣子，但是正知見聽了多少？正知見是什麼？正知見就是眼睛，眼睛是做什麼？就是看路的，會去看哪裡是沼澤不要走，哪裡是深淵不可以跳，然後走一個光明坦途。07'12"

那先長一雙眼睛重不重要呢？還是馬上開步走重要呢？如果如眼目般的教理是這麼重要的話，那麼為什麼它不是對我們生命的最佳饒益呢？為什麼不是對我們生命的最佳利益呢？所以就不用一邊學教理、一邊懷疑有沒有在修行了，問題是有沒有在認真學呀！一定要從聞、思、修，然後戒、定、慧，一點點地開始。而這也是太多位的祖師為我們示現修行成功的一條——注意我下面那兩個字——捷徑！有些人認為學教理會浪費時間，但是不學教理浪費的時間可不是一劫，不知道是多少劫那樣算的。所以看到這裡的話，就了解到有教功德、有證功德，而證功德是由教功德來的，如果沒有教，是不會有證的。08'09"

我常常在師父的日記裡看到師父是多麼重視學教理，也看到師父在新版的《廣論》裡面講到：以前看祖師的故事就覺得很有趣，可是慢慢看著看著就覺得有很多修行的扼要在裡邊。如果認真地去閱讀的話，實在對自己的修行是一個最佳指導，全部都是用功訣竅！你看「圓滿種中受生」，放入了大乘修行者的這個因和果，時間拉到無限悠遠的從過去到現在、到未來，所以我們的相續會放在一個無限的時間軸上這樣去看、去安立因果。那麼從個人所獲得的功德──功德是什麼？很多吧！比如說福報，還有智慧資糧等等這些──卻是從佛陀所宣講的教正法，和佛陀親證的證正法這兩點出發的。用現在的話來說：衡量我們的幸福指數。你有多幸福就看你教正法學多深、證正法證多深。你有多快樂是從這兩點直接出發的。09'22"

學阿底峽尊者傳的時候，剛剛這個科判，師父就把這麼珍貴的種子放在我們的內心，大家會不會覺得師父是一個大善巧者呢？09'36"

線上音檔掃描

講次 0253

教理──教你為何修行、修什麼、如何修

我們現在接著往下聽。

　　所以圓滿的教法他一定有這樣的一個圓滿，所以這個圓滿的話，從他自己的家屬出身開始，他的出身這樣，所以呢福德圓滿，表示他的。第二個呢，要他智慧圓滿，世俗的智慧圓滿，然後呢，世俗的智慧、出世的智慧圓滿，出世的智慧包括出家了。出了家以後呢，理論上面說教、證，佛法主要的兩樣東西。教就講那個道理，告訴你為什麼要修行，修行些什麼，如何修行；你懂得了照著去修行，現證，所以教、證二量。那麼這個是屬於自利方面，了解了還要利人方面。所以真正圓滿的教法必定從這三個方面，這是我們了解的。所以這一

廣論音檔段落　舊版 4B 02:56～05:09
手抄稿頁／行　舊版 1 冊 P114-LL3～P115-LL3（2015 年版）
　　　　　　　舊版 1 冊 P114-LL4～P115-LL3（2016 年版）

方面我解釋一下,至於這個文本身,那比較容易懂,我就不詳細解釋了,不詳細解釋了,所以這個文你們自己得好好地看一遍。01'05"

還有,如果說大家對阿底峽尊者真正地歡喜的話,我介紹你們一本書——《阿底峽尊者傳》,這個佛教書局有。其實真正要看起來的話,還有一本書《宗喀巴大師傳》,現在佛教書局已經出了一本《宗喀巴大師應化因緣集》,那是用白話寫的宗喀巴大師的傳。因為真正造本論的這個造者是宗喀巴大師,你能夠把《阿底峽尊者傳》跟《宗喀巴大師傳》,兩個都看一看,那時你才曉得:啊,這個造者的殊勝真是不得了啊!所以他們兩位,一個印度,一個在西藏,都被當時,而且後來幾百年當中,都稱他為「第二能仁」,說:「啊,那是佛再來,實實在在的佛再來!」詳細的內容我不講了,不過有一點我可以在這地方說明一下,啟發我們對這兩位尊者的景仰。02'19"

接下來這一段說:「圓滿的教法他一定有這樣的一個圓滿」——福德的圓滿、智慧的圓滿;智慧的圓滿包括世俗的智慧、出世的智慧圓滿。然後在這個地方提到教、證法。注意！我提問題了：「教」講了哪個道理呢？你們有看書吧！可以回答一下。第一個是什麼呀？「告訴你為什麼要修行。」那麼接著是什麼？「修行些什麼，如何修行。」懂得了之後要做什麼呢？「照著去修行。」所以是幾個呀？一連串的修行，第一個：「為什麼要修行？」哪裡告訴我們的？教理。「修行什麼？」誰告訴我們的？教理。「如何修行？」教理告訴我們。「懂得了照著去修行」，還是要教理告訴我們！現在又說了一遍：教、證二量就屬於自利方面；了解了之後，還要從利他的角度再學習。03'42"

所以在這個地方，大家會認為師父擴展我們的視野的部分又是哪些教誨呢？那為什麼要學教理？比如說你為什麼要做這件事？教理就告訴第一個問題：為什麼要修行？那修行到底有些什麼內容呀？這些內容。那怎麼樣修行呢？這三部曲。接下來，懂了之後就要去修行。所以他是一個人從最初懵懂地對佛法的一個喜好到成為功夫非常非常扎實的、精湛的這樣一個大乘行者，他要經過教正法和證正法的淬鍊，反覆地讓自身的利益達到了一定的程度，才會有本事去饒益他人。04'34"

　　所以它是貨真價實的一個功德的修鍊。這個功德不是憑空而至的，而是要花很長很長的時間，從教理的學習到證得這個教理的證德的部分，反覆、反覆地去磨練自己的心，經過很長時間的累積資糧才能夠達到的。所以真的要從內心深處禮敬這些經過了長劫修行來利益我們的師長們。05'13"

講次 0254

線上音檔掃描

隆重介紹尊者傳與宗大師傳

　　講到這裡的時候，師父說了這樣一句話：「如果說大家對阿底峽尊者真正地歡喜的話，我介紹你們一本書。」在這個地方，我又想問問題——因為跟師父學習的時候，常常會舉手問問題——那對阿底峽尊者不是真正地喜歡的話，不能看這本書嗎？大家的回答是什麼？你們怎麼想？00'28"

　　那我們就想：我們是對阿底峽尊者真正地歡喜的呢？還是不歡喜的？你們研討的時候會在這兒停下來嗎？師父這樣講能理解嗎？應該是學了《阿底峽尊者傳》之後，才會對阿底峽尊者真正地歡喜，那為什麼說如果大家對阿底

廣論音檔段落　舊版 4B 02:56～05:09
手抄稿頁／行　舊版 1 冊 P114-LL3～P115-LL3（2015 年版）
　　　　　　　舊版 1 冊 P114-LL4～P115-LL3（2016 年版）

峽尊者真正地歡喜的話，就去讀這本書呢？你們有答案嗎？00'57"

師父接著馬上說：「佛教書局有。」地點告訴你了！接著又一句話：「其實真正要看起來的話」，看什麼呢？看書。「還有一本書——《宗喀巴大師傳》。」又說了：「現在佛教書局已經出了一本《宗喀巴大師應化因緣集》」，而且接著說，「是用白話寫的」。有沒有發現？說你要真正地喜歡看《阿底峽尊者傳》的話，還有一本書就是《宗喀巴大師應化因緣集》，而且也在佛教書局、是用白話寫的傳。接著又進一步說：「真正造本論的這個造者是宗喀巴大師，你能夠把《阿底峽尊者傳》跟《宗喀巴大師傳》兩個都看一看，那時你才曉得」，這一句結論：「這個造者的殊勝真是不得了！」01'51"

師父「不得了」那個語氣記得吧？那語氣突然提高。那個語氣會讓我們內心留下很深刻的印象嗎？這就是我比較建議大家聽帶子的原因，因為你會把師父講這一句話的語調的感覺記在心裡邊。能不能感覺師父在非常非常歡喜地給我們介紹？而且他說如果大家對阿底峽尊者真正歡喜的話，還是有點客氣，會不會？害怕我們排斥。是怕我們排斥才這樣說的嗎？你們可以自己考慮一下。02'28"

接著說：兩位一位在印度，一位在西藏。當時乃至後幾百年中都被稱為「第二能仁」呀！實實在在地是佛陀再來。02'43"

這一小段並不是很多字，我們可以感受到師父非常非常熱切、非常非常歡喜地給我們介紹這兩本書。對於我們學佛的弟子來說，那個時候三十多年前，有聽過《阿底峽尊者傳》嗎？我們應該不知道。我們會對《宗喀巴大師傳》生起想要去學的這種欲樂嗎？師父這樣一句介紹的話——我那個時候聽到這裡就趕快去找這本書，翻遍能接觸到的書店還有流通處，就要去找到這本書。03'26"

那個時候如果誰有一本《阿底峽尊者傳》，我都想不睡覺把它抄下來，然後一點一點看。因為那個時候這本書實在是很稀有，幾乎找不到的！有時候想如果沒有的話，就大家先把書借來，然後每個人分幾頁抄，免得一個人抄到手都不能動。聽到師父這樣介紹的話就特別特別想看，師父這麼這麼尊敬、這麼歡喜的心，給我們介紹的這位王子出身的祖師，到底有怎樣令人驚歎的事蹟？還有宗喀巴大師到底是怎樣的？那時候這一段真的是讓我們的內心生起了無限的渴仰！04'08"

而且還有一個問題，不知道你們想沒想過？這是介紹《阿底峽尊者傳》，師父在介紹阿底峽尊者的圓滿種中受生的這樣的一段之後，接著就把《宗大師傳》在這個地方介紹出來，在這段裡就介紹了這兩本書給我們。我會覺得在介紹《阿底峽尊者傳》這樣的一個節奏感中，就顯得非常地明亮，我們會從「圓滿種中受生」，而想去了解阿底峽尊者所有的功德；那麼因為本論的作者是宗大師，我們還會想去了解那宗大師是怎樣的。所以對於那些特別特別想了解祖師行誼的弟子來說，師父這兩本書的介紹，無疑就像一個乾渴的小苗突然被師父澆到了水一樣。不然那個想讀書的人讀不到，天茫茫、地茫茫，找不到要找的書，那真是坐臥難安的焦慮感。05'10"

諸位一定也有經歷過，當你特別想找一本書，天南海北到處求人也找不到，可是你也不能把這本書忘記；它就一直在白天裡、在黑夜裡，在你的生命成為一種很強烈渴望的那種痛苦。這個時候如果有一位老師跟你說哪哪哪有這本書，這一句話就跟救命一樣，你看了這本書可以解決很大的問題！有的時候可能生命正遭逢一個很大的風險或者很大的一個坎，但是因為看了這本書的緣故就過了。怎麼過的呢？因為隨喜佛菩薩的功德。隨喜功德非常大！像我們看《阿底峽尊者傳》、看《宗大師傳》，我們就一直隨喜聖者的這種行誼呀！一邊隨喜、一邊造集廣大的善業，可能生命的那點痛苦就徑直飛越過去了。05'58"

在這麼開始的時候介紹書，大家如果能看，就可以在隨喜聖者的這個過程之中造集很多的善業，可能就把學《廣論》學著學著就中斷、或者沒有信心、或者出一些障礙的這件事就過了，就因為閱讀這兩本傳造集太多善業了！你們認為呢？我認為是一個積資糧的好機會！06'23"

廣海明月

——道次第廣論講記淺析
第五卷

讀尊者傳，
勤修隨喜集資糧

線上音檔掃描

講次 0255

尊者十五歲辯勝外道的故事

　　大家好！又到了我們研討《廣論》的時間。上次師父給我們介紹《阿底峽尊者傳》和《宗喀巴大師傳》兩本書，不知道諸位回家看了沒？還是希望大家能夠看一下。00'17"

　　現在譯經院的法師正在譯一本稍廣一點的《阿底峽尊者傳》，所以對於師父接下來講的《阿底峽尊者傳》，我們就不特別一句一句地討論。最後預計會把新翻譯的《阿底峽尊者傳》仔細地學一下，因為師父希望我們能夠認真地讀一下。00'46"

廣論音檔段落　舊版 4B 05:09～09:34
手抄稿頁／行　舊版 1 冊 P115-LL2～P118-L5（2015 年版）
　　　　　　　舊版 1 冊 P115-LL2～P118-L5（2016 年版）

好！那接下來我們就繼續聽師父略略地講阿底峽尊者的幾件偉大的事情。00'56"

這個阿底峽尊者，自己出身他是個國王王子，而且是一個大國，東印度的大國，東印度相當於我們現在孟加拉，就是東巴基斯坦那個地方，那個時候印度當年非常大的一個大國。然後呢他是一個王子，他是個老二，實際上他每一個地方都有它的特別的意義，老二表示的位次，它有一個特別的關係在，這裡不詳細講它。從小就是絕頂聰明，這個說明什麼？說明宿生他的福德、智慧兩樣東西都這麼圓滿。不但是絕頂聰明，而且他從小就要出家。欸，這個人好不簡單哪！那麼然後呢出家，還沒出家之前，他已經就去廣泛地接觸世間、出世間。世間的學問在十幾歲以前已經統統學遍了，無所不通，就像我們釋迦世尊一樣，那世間沒有一樣東西不通的。01'59"

這裡講一個典型的故事。那時候他有一次，僅僅啊，這個本論上面也說，只有就十五歲，十五歲喔！然後有一次去聽了一趟《正理滴論》，這是因明上的，因

191

明哪，這個因明拿我們現在來說就是理則學，這東西很難學。我想我們接觸過佛教、佛法的很多這個同修們大家都了解，這個因明這是非常難學，教我們往往學了個幾年哪還迷哩糊嚕，裡邊的很多內涵弄不懂。結果這位尊者啊，跑得去聽了一堂，在我們想像，這個聽一堂能聽些什麼，結果它的效果是什麼呢？不妨啊把這個故事講一下。02'47"

印度當年有這個習慣，這個外道跟這個佛法經常要辯，然後它這個辯的時候有一套正確的方法，不是像我們現在這樣大家抬槓子，大家亂蓋一通。它不是的，由於它完整的方法，合乎這個理則的，大家技巧地辯論，而且有旁邊的人評斷。這個評斷的呢都是國王、長者，都是絕有聲望的人，所以這不能亂來的。那麼輸的一方的話呢，有兩個：要嘛就是我服你了，然後服你了，譬如說我是道士，你是佛教徒，那我輸了，那麼我們的那個道士道冠統統拿下來，改穿和尚服，做你的徒弟，然後呢這個道士廟統統供佛。反過來也是如此。這個很嚴重啊！要不然的話呢，我頭給你，這樣啊！03'40"

　　結果那個時候，他阿底峽那時候去學的這個老師，他是這個佛教當中一個非常了不起的大師，正在跟一個外道辯論，辯了好幾場還不分勝負。那麼，那個時候又有一次大辯論，結果不幸在辯論之前哪，這個老師生了病了。這個辯論的時候那是要全部精神擺在那裡，精神不好的稍微一個不小心，對不起，這個話柄漏出來了，那就要辯輸掉了！所以啊這個老師有點身體不好，就不敢出去，那麼要找一個人代替，但是誰也不敢，不敢應這個場。因為你萬一你辯輸了，那個所有佛教的廟，好、好，統統搬出去，然後把外道的像搬進來，那個和尚把和尚衣服脫下來，要跟人家走，這怎麼可以啊！結果呢一般狀態當中，當然可以說生病。那人家會說：「你看他辯不過啊，他就是裝病啊！」這個東西對外面來說的話，這個很糟糕的呀！哎呀，大家覺得非常為難！04'38"

　　那麼，阿底峽尊者正好聽了一趟，他是絕頂聰明，這老師也覺得這個人很行。大家想起：欸，這個人很精彩，何不妨問問他看呢？居然，他就說……問他的時候：「你去辯一辯。」「好！」要我們想這個怎麼可能啊！欸，他去了。不但他去了，而且一辯，辯勝了！你可以想到，簡直是何等聰明！他這樣的決定性的大辯論，好幾次，就把當時的整個的外道一下壓服，可想而知這個人的識見。年紀那時候幾歲啊？十五歲喔！要我們現在十五歲的，什麼都不懂喔，這可以說這個人絕頂聰明！所以你們好好看看，啊，《阿底峽尊者傳》真動人哪！05'23"

師父在這一段介紹阿底峽尊者功德的時候，選擇了十五歲的阿底峽尊者僅聽聞了一次《正理滴論》然後就代表他的老師去辯論，這種事情實際上歷史上是不多見的，乃至可能是沒有的。想一想當時印度的辯論習慣，在場的有國王啊、長者呀都是絕有聲望的人，一輪的話代價會特別大，整個全都反過來。所以這應該是一個非常有壓力的辯論，因為一旦輸了之後，它不是一個人輸了的問題，會影響到後面太多的人！在這麼大的一個責任下，十五歲的阿底峽尊者——其實還是一個少年——老師說行，他就上去辯。他絕頂聰明，又勇敢、又有膽略，很難想像，聽起來有點像神話中的人一樣。06'26"

　　師父說：阿底峽尊者小的時候就特別聰明、絕頂聰明，這個說明什麼呢？說明他宿生的福德和智慧都這麼圓滿。而且師父還讚歎一句：「不但是絕頂聰明，而且他從小就要出家，這個人好不簡單！」講了這一段的時候，我們可以想一想：這麼絕頂聰明，到底為什麼他能這麼聰明？說凡事都有因，我們學習這些聖者的傳記就要去學習種那個因，將來就能夠得到那樣的結果。07'08"

線上音檔掃描

講次 0256

種下如尊者般絕頂聰明的因

　　阿底峽尊者到底往昔是一些什麼樣的因緣，感得這麼精采的示現？我還沒有讀到往昔因緣的那個傳記，但是在佛經裡講到阿難尊者為什麼是總持的時候，倒有一段這樣的故事，可以給大家分享一下。在《賢愚因緣經》裡邊，佛陀有講阿難為什麼那麼聰明，可以記住佛陀說的每一個字，而且佛陀講了那麼多法，這絕對是一件不可思議的神話故事！聽起來好像阿難天生就記憶力超群、無人能比的樣子，但是凡事都是有因的。我用白話講一下。00'49"

　　「我聽佛陀這樣說過」──《賢愚因緣經》的開始。佛在舍衛國祇樹給孤獨園的時候，當時有很多比丘都生起了疑問，說：「賢者阿難究竟有什麼善行獲得如此無量強

廣論音檔段落　舊版 4B 05:09～09:34
手抄稿頁／行　舊版 1 冊 P115-LL2～P118-L5（2015 年版）
　　　　　　　舊版 1 冊 P115-LL2～P118-L5（2016 年版）

識博聞，記佛所說一言不差？」然後比丘們便前往佛處問了：「賢者阿難究竟有什麼福德，獲得如此無量的強識多聞呢？希望佛陀明示。」佛陀就告訴比丘們說：「你們仔細聽著！阿難之所以如此，都是因為他有前世的福德。」01'35"

接著佛陀就開始講故事了。說過去世阿僧祇劫的時候，有一個比丘領著一個沙彌，這位比丘每天堅持用嚴格的方式管教沙彌，令他誦經。每天的課程如果沙彌完成了的話，比丘便很高興；如果不足、沒有做完的話，比丘便苦心責備、教育。因為這樣，這個沙彌也常懷苦惱，心裡很苦——背誦經書雖然還是有所得的，但是要想按照師父教的背的話，往往就耽誤吃飯。因為那時候他們要乞食，如果行乞的時候及時能夠得到食物的話，他就能夠按時把經書都背完，這樣的話他的師父就不用不開心。可是行乞的時候不是一定能夠碰到人家供養，如果不及時，他就可能要走很遠的路，花很長時間，結果所剩時間不夠，便不能按時背誦經書，如果不能按時背誦的話，那往往就會被他的比丘師父責備。02'54"

　　有一次，這個沙彌因此內心非常地愁煩，愁到什麼程度呢？就是一邊走路、一邊哭──這是有可能發生的。03'06"

　　像我們寺院裡，有一次有一個小朋友在我面前就哭出來。我說：「你為什麼這麼傷心？」他說：「背書背不會！」哭得很難過──03'17"

　　（回到故事）當時就有一個長者看到沙彌哭泣著走路，就向前招呼問道：「你為什麼愁煩？」應該是為什麼哭？然後沙彌就回答說：「我師父對我太嚴格了！叫我背誦經書，每天都有一定的功課限定，如果按時背誦完畢，師父就會高興；如果達不到要求，他就苦心地責備我。我行乞及時得到食物，就能夠按時背誦完經書；如果行乞不能及時得到食物，就不能按時背完經書。如果是後者，便受到師父的斥責，就是因為這個原因我才愁苦。」04'02"

　　這個長者聽了沙彌的這個話，就馬上告訴沙彌：「從今以後你常年到我家，我為你提供食物，請你不要愁食物，專心地背誦經書吧！」沙彌聽到這個話之後，從此不用愁食物的事情了，就開始專心勤勉地誦經。功課的限量不減都能完成，所以天天都很出色，天天如此，師徒都十分地高興。04'36"

佛又告訴比丘們說：「當時的那個師父是誰呢？現在已經成佛了，就是定光佛，當時的沙彌就是現在的我。」就是釋迦佛自己。「當時提供食物的長者是誰呢？就是現在的阿難。因為阿難在過去世造此功德的緣故，所以現在阿難獲得如此無量強識多聞、沒有忘失。」05'08"

諸位比丘聽佛說完之後就歡喜奉行。05'15"

師父講阿底峽尊者這個故事，我總是想起阿難尊者這麼聰明的原因，如果能夠供養聞思的沙彌或者比丘的話，就可以得到強識多聞、一字不差。現在很多居士都在修行這樣的供養，所以可以想見如果沒有什麼事破壞這個偉大的善根的話，以後成熟起來，大家雖然可能不能完美地成熟到阿難那樣一個字都不漏，但是至少博聞強記是一定會獲得，因為佛陀的經典就這樣講的。05'53"

　　如果我們成辦一個出家人聞思的因緣，讓他不要為飲食操勞，有更多的時間去聞思教典的話——看那個施主他所獲得的。其實阿難就是前世那個施主，他現在成了出家人之後這麼厲害！所以諸位聽到這裡之後想一想，你們從信佛開始到現在供養了多少出家人了？那些努力聞思的出家人，還有做各種善行的出家人，把這樣的善根迴向自己的聞思修，可以感得這樣殊勝、不可思議的慧力。06'26"

　　所以師父再再地讓我們去讀《阿底峽尊者傳》，說：「你們好好看看！」再再地讓我們去讀，一定是希望我們在《阿底峽尊者傳》中，找出自己能夠努力的因。一旦我們沿著這樣的因去努力的話，也希望在不久的未來——最好越快越好，我們能夠修集到增長福報和智慧像夏日江河般那個猛烈成熟的因。這樣的話，我們在學習佛陀的三藏教典的時候就不會困難。最好就像我們學習的祖師一樣，比如像尊者阿難，那簡直是佛陀大弟子中的一個神話人物，他一個字不漏地記著這些，這個因緣居然是這樣的！07'17"

　　而阿底峽尊者在十五歲的時候，就代表佛教進行了這樣的辯論，這樣的示現也是歎為觀止的！那麼對於我們學的人，聽了這樣的一些事蹟之後，到底從何處入手呢？比如：恭敬教典，努力地聞思修，對《般若經》能夠恭敬、聽聞、思惟、讀誦、書寫，甚至我們去供養聞思修《般若》的人、聞思修經典的出家人，如果能夠真心去供養，也會成熟這樣的一個結果。 07'55"

聽了這個會不會覺得滿有希望的？07'59"

找對了因去努力！因為有因必有果，那個果就一定在我們的期待中到來！08'11"

講次 0257

尊者依師成就、成十八部共主

我們接著聽師父講阿底峽尊者的事蹟，今天講到阿底峽尊者的善知識們。00'11"

> 然後呢他以後，家裡這麼好，這個條件之好啊，怎麼勸他也勸不住——要我們現在想的話，要怎麼捨也捨不得——換句話他宿生的善根，以後呢他出了家，親近的老師。他親近的老師都是當年最了不起的大德，不管是性宗的、相宗的，是第一位、第一位是勝敵婆羅門，然後呢阿嚩都帝，然後呢一步一步上去，這個明了杜鵑論師，這個大明杜鵑論師是龍樹菩薩的三傳、不曉得四傳弟子，那個時候這樣的人喔，這樣。譬如說現在對我

廣論音檔段落　舊版 4B 09:34～14:35
手抄稿頁／行　舊版 1 冊 P118-L6～P121-L2（2015 年版）
　　　　　　　舊版 1 冊 P118-L6～P121-L3（2016 年版）

們來說，真正講教理方面是中觀、瑜伽兩派，大家說最高的就是中觀，那中觀的正宗是月稱論師，就是月稱的弟子，親傳弟子哦，這麼高的高人！而且都是證得什麼？至少都是證得加行位以上的。01'12"

這個加行位這是相宗所判的位次，拿我們中國的祖師們來說起來，我們曉得的有一個人，是天台智者大師的老師──慧思禪師，他是加行位上的人，你可想而知這個加行位何等地高明！現在我們祖師們都是大徹大悟，對不起，大徹大悟有很多很高的喔！佛到最後也是大徹大悟，但是很多大徹大悟的祖師還是凡夫，這我們要了解。不要拿我們的話來說，譬如憨山大師，他當年大徹大悟，人家就問他：「哎呀，你比之於祖師怎麼樣，譬如天台智者大師？」「喔，我怎麼可以跟大師相比，這種人高不可攀哪，我只是了悟心中啊！」唔，你看，一個明末四大師之首，最了不起大徹大悟的，他尚且把他推崇備至。這我們不曉得位次，所以你真的曉得位次，這個加行位上的菩薩是高不可言！02'11"

阿底峽尊者有幾十員大善知識是他的老師喔！他最

最起碼是加行位上的，而且最後阿底峽尊者還說，他是說他老師的功德，他一一都具足。從這個上面上去看的話，他超過了所有的老師。為什麼？他具足一個老師，那跟他平，他所有的老師都具足，其他的老師倒不一定耶！拿我們中國具足這個條件的人是誰啊？祖師，佛教當中找不到，世間有一個——孔老夫子。孔老夫子是廣學各家，所以各家的他都有，變成功什麼？集至聖大成。所以阿底峽尊者當年印度也是一樣，他所有的印度的教派宗主就是他。02'56"

印度當年有個習慣，所有的這個大廟，它有不同的很多宗派，那個每一個廟有它的宗派。譬如說拿我們目前國內來說，這個是禪宗，這個是淨土，那禪宗的又是臨濟、又是曹洞。每一個宗派當中，它有一個我們這一派當中最高成就者，這派的宗主，那麼有一個表示，什麼表示呢？就是這個鑰匙，這個大廟的鑰匙交給這個頭，就這樣。阿底峽尊者到最後他身上掌管的鑰匙，臨離開這個印度到西藏去的時候，不曉得是一百零八把，還是八百把，我就弄不清楚了，這個翻譯上面。總之當年印度大廟所有的鑰匙都在他身上，十八部哪一部最徹底圓滿認識的就是他。所以不管是哪一部，反正有諍論了、有問題了，你只要問到他，他都給你解決。小乘，小乘也是他，大乘，大乘也是他；性宗，性宗也是他，相宗，相宗也是他，他有這麼了不起的喔！03'56"

在我們中國的的確確找不到，你可以說：「喔唷，杜順和尚很了不起，他賢首宗開宗創派的大師。」欸，對不起，天台這不一定哪！只是覺得：欸，這個人很了不起，不一定最佩服他喔！拿我們現在來說，我們現在常常看見，譬如說：啊，民國以後幾位了不起的大師，我們通常說虛雲老和尚啊、印光大師啊、太虛大師啊，乃至於什麼啊！我就曾經聽見過有一個大法師，那個現在這種大法師，都是年紀很老的老法師。我們平常說某某大師，他就說：「印光，這個老和尚……」欸，為什麼？他參禪的，所以他對念佛的人不一定贊成；反過來說，念佛的人說：「虛雲老和尚這個真是了不起，可是啊現在的人不一定合適。」就是我們中國的的確確歷史上面，沒有一個說當代、後代大家宗仰他的。可是阿底峽尊者在整個的印度，是哪一宗、哪一派都是這樣，一直到他後來到了西藏去了，居然還有不遠萬里跑得去，

要去問他問題的人。這個詳細的這個內容，我想我不仔
細說，不過這地方我把那個大綱說一下。05'15"

好！這一段我們可以知道這麼精采絕頂聰明的阿底峽
尊者，他也是殷勤地追隨大善知識、承事善知識——大家
都知道他跟金洲大師學習的那個辛苦過程。他的幾十位大
善知識都是傳承祖師級的人物，絕頂聰明的人值遇了這麼
絕頂的大善知識，一定是出現一個絕頂的時代，所以他才
會成為各宗各派的宗主。05'52"

師父說印度各大寺院所有的鑰匙都在他身上，有一百
零八把鑰匙都掛在腰間，不管是大乘、小乘，性宗、相
宗，有問題都去問聖尊阿底峽尊者，達到了這麼高的成
就！我們現在學的三主要道，就是他的法流啊！流到了你
我的眼前。師父說阿底峽尊者的善知識都是高不可攀的善
知識，而且阿底峽尊者具足了他所有的老師的功德，可以
想像這是什麼樣的一件事情！06'35"

等到法師翻譯完了稍廣一點的《阿底峽尊者傳》，我
們會把《阿底峽尊者傳》再詳細地講一下，那個時候我們

可以實踐師父對我們的叮嚀，就是要好好地看一看、好好地學習一下《阿底峽尊者傳》。希望大家能對這麼精采的大善知識——腰間有一百零八把鑰匙的傳承祖師生起淨信，因為師父這樣講就是讓我們能生起淨信。我們要去隨喜他絕頂聰明，十五歲的時候就可以代表佛教辯論；也可以隨喜他有這麼多精采的大善知識；也可以隨喜他居然具足了他老師一一的功德，而且各宗各派的問題他都可以回答，成為所有宗派的最厲害的導師、大善知識。07'27"

在《般若經》上佛陀都屢次地提醒我們：如果我們能夠隨喜菩薩的功德的話，那麼我們將積聚不可思議的資糧；如果不知道隨喜的話，在《般若經》上講的還滿嚴重的——有可能是你被魔障障蔽了，或者是墮入魔黨。大家可以看《般若經》的那一品。如果聽祖師、佛菩薩的傳記，能在內心中生起渴仰、生起隨喜的話，這樣的一分一秒的時光，我們會累積到不可思議的資糧！我們的資糧累積足夠了的話，那我們想要修的善所緣一定會在自己的心中生起來。所以請大家加油！08'10"

線上音檔掃描

講次 0258

《般若經・無分別品》：隨喜聖者功德無量

上一講我們講到《般若經》，是在《大般若經》第二會中的〈無分別品第六十三〉。這裡邊前面先不說，你們可以自己去閱讀一下。中間天帝釋散花供養，散花供養之後他就問佛，說了這樣一段話：00'22"

「世尊！若菩薩摩訶薩已於無上正等菩提心生欲樂，我願彼心倍復增進，疾證無上正等菩提。願彼菩薩摩訶薩眾見生死中種種苦已，為欲利樂世間天、人、阿素洛等，發起種種堅固大願：我既自度生死大海，亦當精勤度未度者。我既自解生死繫縛，亦當精勤解未解者。我於種種生死怖畏既自安隱，亦當精勤安未安者。我既自證究竟涅槃，亦當精勤令未證者皆同證得。」這是堅固大願，從

廣論音檔段落　舊版 4B 09:34～14:35
手抄稿頁／行　舊版 1 冊 P118-L6～P121-L2（2015 年版）
　　　　　　舊版 1 冊 P118-L6～P121-L3（2016 年版）

「我既自度」到「亦當精勤令未證者皆同證得」。01'32"

然後天帝釋就又問了，說：「世尊！若善男子、善女人等，於初發心菩薩摩訶薩功德善根起隨喜心，得幾許福？於久發心菩薩摩訶薩功德善根起隨喜心，得幾許福？於不退轉地菩薩摩訶薩功德善根起隨喜心，得幾許福？於一生所繫菩薩摩訶薩功德善根起隨喜心，得幾許福？」天帝釋在幫我們問佛陀：如果我對初發心的、久發心的、不退轉地菩薩，還有一生補處的菩薩隨喜，到底會得多大的福報呢？02'25"

接下來就講了：「爾時佛告天帝釋言：憍尸迦！四大洲界可知兩數。」四大洲有多大呢？用一兩一兩的都可以秤完、都可以知道。「此善男子、善女人等隨喜俱心所生福德不可知量。憍尸迦！乃至三千大千世界可知兩數，此善男子、善女人等隨喜俱心所生福德不可知量。憍尸迦！假使三千大千世界為一大海，有取一毛析為百分，持一分端霑大海水可知滴數，此善男子、善女人等隨喜俱心所生福德不可知量。」三千大千世界為一海，那得有多少個海？這樣算一算，好像已經遠遠超越我們的數學知識能運

算的邊界了。03'28"

　　這個時候，聽完了佛陀這樣的回答，天帝釋又跟佛說：「時天帝釋復白佛言：世尊！若諸有情，於菩薩摩訶薩功德善根不隨喜者。當知皆是魔所魅著。世尊！若諸有情於菩薩摩訶薩功德善根不隨喜者，當知皆是惡魔朋黨。世尊！若諸有情於菩薩摩訶薩功德善根不隨喜者，當知皆從魔界中沒來生是間。所以者何？若菩薩摩訶薩求趣無上正等菩提，修諸菩薩摩訶薩行，若諸有情於彼菩薩摩訶薩眾功德善根隨喜迴向，皆能破壞一切魔軍、宮殿、眷屬。世尊！若諸有情，深心敬愛佛法僧寶，隨所生處常欲見佛，常欲聞法，常欲遇僧，於諸菩薩摩訶薩眾功德善根應生隨喜。既隨喜已，迴向無上正等菩提，而不應生二、無二想。若能如是，疾證無上正等菩提，利樂有情，破魔軍眾。」05'07"

　　接著佛陀就回答：「爾時佛告天帝釋言：如是！如是！如汝所說。」天帝釋說了這樣一個我們聽起來可能很驚悚的事情──沒有隨喜就是墮魔黨類，從魔界中來的！我們可以自己對照一下，對自己那種麻木的心情可能是一個警醒！天帝釋問完了之後，佛陀贊同了他的觀點，說：
「是這樣的，正像你說的。」05'36"

　　接著佛陀又說：「憍尸迦！若諸有情於菩薩摩訶薩功
德善根深心隨喜，迴向無上正等菩提，是諸有情速能圓滿
諸菩薩行，疾證無上正等菩提。若諸有情於菩薩摩訶薩功
德善根深心隨喜，迴向無上正等菩提」，注意聽下面的：
「是諸有情具大威力，常能奉事一切如來應正等覺及善知
識，恆聞般若波羅蜜多甚深經典，善知義趣。」就是能懂
《般若》。「憍尸迦！是諸有情成就如是隨喜迴向功德善
根，隨所生處，常為一切世間天、人、阿素洛等供養恭
敬、尊重讚歎，不覩惡色，不聞惡聲，不齅惡香，不嘗惡
味，不覺惡觸，不思惡法，常不遠離諸佛世尊，從一佛國
趣一佛國，親近諸佛種諸善根，成熟有情，嚴淨佛土。」
這後面又講了：「何以故？」為什麼會這樣呢？06'56"

　　「憍尸迦！是諸有情能於無數最初發心菩薩摩訶薩功
德善根深心隨喜，迴向無上正等菩提。能於無數已住初地
乃至十地菩薩摩訶薩功德善根深心隨喜，迴向無上正等菩
提。能於無數一生所繫菩薩摩訶薩功德善根深心隨喜，迴

向無上正等菩提。由此因緣，是諸有情善根增進，速證無
上正等菩提。既證無上正等菩提，能盡未來如實利樂無量
無數無邊有情，令住無餘般涅槃界。以是故，憍尸迦！住
菩薩乘諸善男子、善女人等，於初發心菩薩摩訶薩功德善
根，於久發心菩薩摩訶薩功德善根，於不退轉地菩薩摩訶
薩功德善根，於一生所繫菩薩摩訶薩功德善根，皆應隨
喜，迴向無上正等菩提。於生隨喜及迴向時，不應執著即
心、離心隨喜迴向，不應執著即心修行、離心修行。若能
如是無所執著，隨喜迴向，修諸菩薩摩訶薩行，速證無上
正等菩提，能盡未來利益安樂諸有情眾，皆令安住究竟涅
槃。」08'25"

　　非常地精采，讀了之後很感動。師父原來每天都會讀
一卷《般若經》。即使在生病，比如有一天胃疼，他也忍
著胃疼把那一卷《般若經》讀完，讀完的時候還非常非常
高興！也常常看到師父誦完《般若經》之後，笑得非常非
常地燦爛。把門打開的時候，師父就坐在椅子上回頭看著
我，每次都說：「啊，真如你來了！剛誦完《般若
經》。」師父非常非常開心，然後就會跟我講一下在《般
若經》上誦到了什麼內容。08'59"

　　因為得到了師父的加持，看《般若經》的時候，看到這些精采的內容，就會想像師父的笑臉。像天帝釋請問佛陀的內容，我們都想問：到底能得多少善根？其實佛陀說了，我們也不知道是多少，但是會知道好像無量無邊。隨喜有這麼大的功德！如果能以一個無所住的心、能以一個緣念無自性的心——以後學習〈毗缽舍那〉——去隨喜迴向的話，那就更加地不可思議！09'28"

　　所以如果我們聽了《阿底峽尊者傳》，聽了佛菩薩、祖師的傳記，能夠深生隨喜的話，不要懷疑它所生的功德，絕對是不可思議的！因為對因果這件事，佛陀就像觀掌中菴摩羅果，他是遍智。對微細因果這件事，沒有什麼邏輯和推理，就是依靠聖言量，然後生信！比如信三寶、信佛所說的因果，深生敬信，如佛陀所說的那樣修行，我們就能夠得到那樣的果報。我們一起努力！10'07"

廣海明月

──道次第廣論講記淺析
第五卷

其身獲得功德
事理

線上音檔掃描

講次0259

自他一切利益，皆從教證二法出生（一）

好！大家接著往下聽。

獲得功德事理分二：一知見廣博獲教功德事理，二如理修行獲證功德事理。　今初

最頭一段是自己的出身，這個出身家世圓滿。第二個呢，然後修學佛法，修學佛法，所以佛法一定有兩個步驟，說佛的法——教、證。教是因，你有圓滿正確的教法認識作為因，照著這個教法去修持結這個果，所以教、證之間是互為因果的。同樣地，這個概念如果不清楚的話，你就出了毛病了，所以大師造本論的時候，前面就說「今勤瑜伽多寡聞，廣聞不善於修要」。就是啊

廣論音檔段落　舊版 4B 14:39～17:13
手抄稿頁／行　舊版 1 冊 P121-L3～P122-L5（2015 年版）
　　　　　　　舊版 1 冊 P121-L4～P122-L6（2016 年版）

這個因果沒弄清楚，你沒有這個因怎麼感得那個果呢？所以他現在這個造者第一點告訴我們：啊，先教，教是廣博，那時候非常圓滿的；然後這個教當中啊，又是先是世俗的，後來是出世的。然後呢這個出世的當中的話，又分幾個部分：戒、定、慧；這個戒當中又分成功別解脫戒、菩薩戒、金剛乘戒。它每一個部分分得很清楚，它一步一步地上去。01'34"

好！我提幾個問題大家可以回答一下。01'39"

第一個問題，師父說：「這個概念如果不清楚的話，你就出了毛病了。」剛聽了這一小段，可以知道是哪個概念嗎？這裡邊師父講到了因和果，如果因和果的概念不清楚的話就麻煩了！但此處的因和果是指什麼呢？02'04"

教、證法之間是互為因果的。那麼教、證法之間是互為因果的，又引出了哪一個偈子呢？「今勤瑜伽多寡聞，廣聞不善於修要」。師父說這個因果沒清楚的話，就沒有辦法感得「修要」這個結果，因為今勤瑜伽不能寡聞；廣聞要善於修要，正確的應該是這樣。為什麼呢？因為如果

217

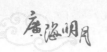

我們想要得到快樂——離苦得樂的這個結果，就一定要照著正確的因去努力。正確的因在哪裡有呢？就是在佛陀講的教正法裡有。02'51"

那麼佛陀的教正法裡為什麼有我們離苦得樂的正因呢？02'55"

大家想一想。02'56"

離苦得樂不就是照著我自己的想法、我的一套計畫，然後把那個計畫實踐了，我就得到快樂、就離開痛苦了嗎？為什麼要在佛陀的教法裡邊去找尋快樂的因呢？而且還要在教正法的聞思上廣博，這才是快樂的因，照著這樣快樂的因修下去，我們才能得到快樂的果。為什麼是這樣呢？03'24"

為什麼不能照著自己的計畫，要照著佛陀的計畫呢？03'29"

我們有很多、很多的計畫，都沒有人為了把我自己弄得越來越苦所以訂了一個、一個的計畫，都是為了希望能夠得到成功，得到像我想像的那樣的快樂。但是，大家知道我們學習阿底峽尊者的略傳，在尊者「獲得功德事理」的部分，第一步是對佛陀教法的教理部分取得了廣博的教正法的功德，然後又在證正法的部分取得了證正法的功德。從這個角度來看，我們如果想要取得像阿底峽尊者那樣不可思議的成功的話，也要像他這樣對教法進行廣大的聞思。那麼對於教法廣大聞思，動力到底來自於何處呢？來自於要離苦得樂。04'26"

為什麼說佛陀的教法裡邊有得到快樂、離開痛苦的正因呢？其實如果你們先預習了的話，後面的段落是有談到這個問題的。這個先放這兒，我們接著往下聽。04'42"

我們現在往往有這種毛病，說大乘的啊，說這個小乘的戒不要。這完全錯了！沒有小乘的基本的戒就沒有菩薩戒，沒有菩薩戒就沒有金剛乘的三昧耶戒。你看，阿底峽尊者這麼了不起的一位大上師，他學戒的時候，學得無所不通，當年小乘四個根本部，以及細分二十部派，每一個地方他分得清清楚楚，不相混雜。然後去受

了戒以後持的時候，哪怕最細微的戒，絕不有犯。由於這個基礎上面，然後再菩薩戒，然後再密乘戒。正因為他如此，所以印度不管是小乘、大乘、性宗、相宗都佩服他，他也能夠如理如量，解決每一部分的問題。所以戒是這樣，有了這個圓滿的戒，得定，然後呢是慧，這個是自利方面。05'48"

這一小段我再提幾個問題。師父說在教正法中，會分先是世俗的，後來是出世的。那麼這個出世的當中又分哪幾個部分啊？戒、定、慧。在戒中又分什麼？別解脫戒、菩薩戒、金剛乘戒，每一部分都分得很清楚。現在有沒有注意到一個問題？出世的教法之中就有戒、定、慧，那別解脫戒、菩薩戒和金剛乘戒，都是讓我們從輪迴中解脫出來，以這個目的為根本的戒律，是不是這樣？06'35"

所謂「出世」，是不是從鬧市裡進到山裡就是隱世呢？在滾滾紅塵的大城市裡好像隱不了的，到山裡就能隱，到山裡好像就出世了？不是這樣！它是要看我們所受的戒律，乃至我們對於戒律持守的狀況。所以還是區別於這顆心，因為受戒戒體的產生都是要在這個心上產生，而且戒是「警意之緣」，我們警惕的就是自己的心前後念的覺察。07'11"

在戒的部分，師父說有一個說法出現了，哪個說法？說大乘的，小乘的戒不要，師父後面接了幾個字：「這完全錯了！」注意！不是這錯了，是這完全錯了！全都錯了！沒有小乘的基本戒是沒有菩薩戒的，沒有菩薩戒就沒有金剛乘的三昧耶戒。它是一個一個的基礎，不能說我們修行大乘，然後別解脫戒不認真持，甚至抱著輕蔑的態度，這是絕對不可能解脫的！而且會造罪呀！07'52"

所以師父就又舉說：「阿底峽尊者這麼了不起的一位大上師，他學戒的時候，學得無所不通。」大家都知道把戒律學得無所不通，就算聖尊阿底峽那麼聰明，也要花上時間啊！當年小乘的四個根本以及細分的那些戒律，每一個部派他都分得非常非常地清楚，不相混雜。持守戒律的時候，哪怕是最細微的戒，絕不有犯。08'24"

注意！最細微的戒。08'28"

在這個部分略略一提，以後我們學《阿底峽尊者傳》
還有《宗大師傳》的時候，會講到這些大上師在最小的戒
律上都是很認真的。比如說在菩薩戒裡將護有情心——這
已經不是一條很小的戒了。他說話的時候，一定是不會傷
害別人——不害意樂是絕對的，乃至在臉色上都不讓人不
愉快，都不在別人面前皺眉呀、唉聲嘆氣呀，或者帶給別
人憂愁。在這些好像平常不會傷害到別人的一個情緒反應
中，菩薩都在修鍊不能帶給其他人煩惱和痛苦，何況在更
細微的內心律儀的持守上！大家可以看到《阿底峽尊者
傳》裡邊很多關於他持戒的部分。09'19"

正因為戒律學得如此地精通，所以印度那麼多宗派都
佩服他，說他能夠如理如量解決每一部分的問題。09'31"

師父是在持戒上非常非常小心的人，比如說師父在
「過午不食」的這條律上一輩子都是兢兢業業，乃至在他
身體非常非常弱的時候，他還是堅守著過午不食。還有他
的時間是按秒算的，所以他一秒鐘都不會遲到。像大家都
知道扣鐘的時候，師父也會聽那個鐘聲——幾秒鐘開始扣
的、速度如何。10'07"

　　很多大善知識、有一些高僧走路的時候非常地小心，好像怕踩痛了大地一樣。他持菩薩戒持得內心慈悲的程度，不要說去傷到地上的螞蟻，就連沒有螞蟻的土地，好像都怕踩痛了一樣，腳步都是輕柔的。所以常常拿這些律儀來約束自己的內心的話，慢慢整個人就會變得非常地調柔、非常地寂靜，那些粗猛的現行就都不見了。大善知識在我們面前這樣示現，我們就要這樣學習。我們的心就像野馬一樣，要把它拴上一個繩子，不然就會帶著我們的三業跑到懸崖邊上去，乃至會傷害別人。10'53"

　　這裡邊講得特別清楚，阿底峽尊者對於戒律的聞思和持守，戒律學得無所不通，在持守方面，最細微的戒都不會有犯；萬一有犯馬上就當天懺悔，絕對不會隔夜或者就馬虎掉了。非常非常值得我們好好地效學，乃至生生世世都要效學這樣一個持戒的典範！11'21"

講次 0260

自他一切利益，皆從教證二法出生（二）

好！大家接著聽下一段。

> 有了這樣的自利，才能夠利他，要不然你自己都不能解決，說幫別人，那不是荒唐嗎！尤其是佛法，更談不到。為什麼要這麼說呢？佛法真正說的內涵是，沒有錯，要說解決一切痛苦，得到一切圓滿的快樂，可是同樣地說苦樂，跟世間有個絕大的差別。世間所以不能解決這問題，因為無明，不能認識這個事情的真正的真相，顛倒所產生的結果，明明是苦的，我們把它看成功樂的。所以佛真正出來的一定哪指出世間的真相，說告訴我們世間的真相。00'51"

廣論音檔段落　舊版 4B 17:13～19:29
手抄稿頁／行　舊版 1 冊 P122-L6～P123-L8（2015 年版）
　　　　　　　舊版 1 冊 P122-L7～P123-L9（2016 年版）

　　現在我們不了解這一個修學佛法必然的次第，所以修學佛法必然次第，了解世間真相苦的，一定是第一個策發厭離心，有了這個厭離心以後覺得……。為什麼有厭離心啊？因為覺得：哎呀，世間原來這麼苦啊！我以前不了解它呀，然後被它迷糊住了啦！被這無明所欺騙了，所以產生了一個大厭惡！所以由於這樣的了解、厭惡，一心跳出來，然後呢自己又推己及人。他說我們這個修行人，修行人講道德，世間普通一般稍微有一點道德概念的人，都不會只管自己，何況是個修行人哪！所以他更進一步推己及人，才想幫助別人。01'39"

　　這兩段，我先提第一個問題。師父說：「有了這樣的自利，才能夠利他。」請問：「有了這樣的自利」是指什麼呢？前兩段是在講自利的部分嗎？用什麼來自利呢？你不能說自己利益自己就是自利，不能這樣解釋詞。他是用什麼辦法自利的？是不是學習教正法，然後根據這個因來好好地持戒，這是自利的，對不對？那有沒有疑問：持菩薩戒也是自利的嗎？02'20"

　　那麼現在提出一個問題：說「你對自己好點」，你懂

不懂得對自己好一點？當我們提到要對自己好一點的時候，是不是要自己利益自己，可以這樣說嗎？那我們通常都會想一些什麼事情呢？是先想吃的，還是先想玩的？還是先想被照顧？還想什麼？自利是自己利益自己嗎？還是希望他人利益自己？自利應該是自己利益自己對不對？也希望他人利益自己。所以我們在開出來的對自己利益自己的這一個方向，有沒有說好好學習佛陀的教法，然後依照佛陀的教法好好地取得證正法、好好地持戒，實際上是最對自己好的，到現在為止會不會直接產生這樣的概念呢？大家可以考慮考慮。03'16"

「哎呀！你好好照顧自己呀！你別那麼傻呀！」怎麼樣、怎麼樣……我們有時會這樣勸人。那好好照顧自己用什麼來照顧呢？是用佛陀的教正法和證正法來照顧。佛陀的證正法怎麼樣照顧我們呢？就是我們學了佛陀的教法之後，依據佛陀的教法，按著道次第獲得那樣的成就。所以最後取得一切遍智，應該是完成最徹底的自利，對不對？在發菩提心有一個防止不退的方法，如果你退心了的話，自利也是不圓滿的。03'51"

　　所以在這個地方，值得我們來觀察自己現行的部分，就是當我想要對自己非常好的時候，或者我想對自己做一個最大的照顧的時候，在這裡邊是：教正法和證正法的學習，才是最好的自利。04'14"

　　師父說：「有了這樣的自利，才能夠利他，要不然你自己都不能解決，說幫別人，那不是荒唐嗎！」所以幫別人的前提，是自己能夠幫得了自己的情況下才能幫別人。師父說：「尤其是佛法，更談不到。」為什麼呢？因為「佛法真正說的內涵是」，是什麼？聽完之後還記得嗎？要「解決一切痛苦，得到一切圓滿的快樂。」可是同樣地說苦樂，世間不能解決問題，原因是什麼？要認真聽才能答上喔！因為無明，不能認識世間的真相。結果呢？把那個苦和樂弄反了，苦的反當成樂的，樂的可能是更顛倒，無法看清楚世間的真相，所以永遠得不到最圓滿的快樂。05'12"

　　接著師父就在第二段裡講了：要了解世間的真相是苦的，一定策發厭離心。請問厭離心是厭離什麼的？厭離什麼的？世間痛苦、輪迴，它們是由什麼造成的？煩惱呀！

所以這個厭離不是說：「啊！我討厭這個世界，我找個地方關起來，厭倦這個世界了，我去關起來。」不是厭倦的意思。厭離是徹底地看清楚了一件事情——我這樣做下去是沒有好結果的，而且永遠得不到好結果，所以改變了！從自己的內心上開始找出自己痛苦的那個因到底是什麼——我這麼痛苦不是從外面找，要從我自己的內心去找。然後就會找到煩惱、找到無明，把這個東西解決了之後，我的生命才會得到快樂。06'06"

所以你說厭離世間也好、厭離輪迴也好，輪迴的根本是什麼？無明。最可怕的潤那個種子的力量是什麼啊？就是煩惱。所以要認識到煩惱的根本就是無明，對自己內心上的無明和煩惱產生了厭惡之感，然後想要把這個自己所厭惡的東西對治掉。然後自己獲得了這種經驗，成功了之後推己及人。對不對？06'40"

有沒有發現，在這裡邊看到了阿底峽尊者他自利的部分，居然是用教正法和證正法自利的？然後利人的部分是用什麼呢？也是自己成功地學習了教、證法，獲得了經驗之後，把這個經驗推己及人完成了他利。所以從這兩點上，可以說一切的利益就包括自利和他利，都是從佛陀的教正法和證正法中所出生的。可以這樣講嗎？是不是這就是我們學佛的根本的目的？因為很顯然，如果有比佛陀的教法和證法更高明的離苦得樂的辦法，我們也不用在這兒學，對不對？因為沒有比這更清淨、更徹底的離苦得樂的辦法了，所以佛陀把這個教、證法講得很清楚，沿著這樣的因去修，就會切斷痛苦，種下快樂的因。07'31"

> 那麼那個時候想幫助別人的時候，他就感覺到，以自己的心曉得：「哎呀，這個世間這麼錯誤，大家迷糊啦，然後貪著難捨啊！」那時候勸別人：「哎呀，你要認得清楚啊，不要貪著，結果你的痛苦所以不能解決因為不認識啊！」那時候才是大乘。假定我們不認識這個，自己對這世間的事相不認識，還貪著難捨，你去勸別人，你勸些什麼啊！這不是很清楚嗎？這個世間好得很欸！我自己都捨不得，你叫別人家說捨掉它，那不是顛倒嗎？這個大乘從何談起呢！實際上我們有太多人說這種事情。08'12"

這一小段，師父還是在強調一個利他的前提，對不

對？說自己要把這個事情解決，然後才能夠完成利他，如果自己都沒有清楚的話，怎麼能夠談到大乘呢？08'32"

如果別解脫戒不好好持守的話，菩薩戒能夠持得很清淨也是不可能的，因為別解脫戒完成的是什麼？自利。如果你不是用大乘發心去攝持別解脫戒的話，就是為了照顧自己不要陷溺在痛苦的輪迴之中所持守的律儀。如果他沒有持守的經驗，那麼他也無法幫助另一個人擺脫輪迴，因為持別解脫律儀就是超離輪迴的一個最快的方便，對不對？當然還要學空性，但是如果不重視戒律、不信因果去學空性，連資糧也不會有。連因果見都沒有，如何去獲得空性呢？09'13"

師父再扣到前面的主題，說有人說：「我是大乘呀，小乘戒不用持啊！」這個說法是根本沒有依據的。正因為是大乘，大乘的核心就是要幫忙他人、利益他人；而利益他人不能只有一個利益他人的心，要有一個最正確的方法——那個最正確的方法一定是戒律本身。09'35"

所謂的戒律是什麼？戒律就是一個軌道。就像火車的軌道一樣，尤其現在有磁懸浮列車，它在軌道上用一個非常快的速度衝，很快就衝到目的地；如果脫離軌道就走不到目的地了，而且可能會造成很大的傷害。所以一個人如果沒有獲得特別解脫的經驗，說能夠持守更細微、在心念上防守的菩薩律儀，這是不太可能，因為菩薩律儀會比它更加地精細。10'06"

所以師父從戒律的角度、從利他的角度，讓我們更要重視這個厭離心。別解脫戒就是「軌成出離之道」，對不對？從哪裡出離呀？從輪迴裡出離。輪迴的根本是什麼？無明。一直潤澤業的那個增上緣就是煩惱，一直讓我們苦的種子不停發芽的就是煩惱。煩惱的種類非常多，貪、瞋、癡、慢、疑，這都是煩惱。10'34"

所以注意！說了很多很多，都是在心上解決！正因為是在心上解決，所以每個人都有解決煩惱的能力，你不用花很多錢，也不用做什麼儀器，就在心念上自己處理就可以了。它完全是一個心靈的工程師，沿著佛陀教我們的教理，對我們的心進行一個重新的規畫，規畫成一個沒有痛苦、只有快樂的運行軌道。並且努力地讓思路沿著這樣的

軌道運行，運行成功其實就成功了。11'07"

　　所以在這裡再再強調：如果你沒有從苦惱中出離，看到這個苦惱的傷害性去厭離它，而且成功地獲得這種經驗，無法當個菩薩去真正地幫忙他人。是非常腳踏實地的！11'26"

線上音檔掃描

講次 0261

以教理衡量自己，莫批判他人

　　不過有一點我們要了解：我們不要了解這個東西隨便妄加批評別人。這個佛菩薩到世間來，一定示現我們世間共同的量則，跟我們哪，所謂同事，他也跟你一樣，跟我們混在一塊兒，然後呢慢慢地接近，引導你。我們應該有這個正確地認識，然後有了正確認識，自己衡量自己，努力爬上去。所以剛才這種道理，是用來衡量我們自己，只有修學佛法，你能夠拿這個標準衡量自己就對了，不要看別人，看別人的話你就錯了。所以處處地方佛經上面都告訴我們哪，你要了解這個，要了解這個，這個是非常重要的！00'46"

廣論音檔段落　舊版 4B 19:29～20:13
手抄稿頁／行　舊版 1 冊 P123-LL6～P123-LL1（2015 年版）
　　　　　　　舊版 1 冊 P123-LL7～P123-LL1（2016 年版）

　　很快地就聽過了，聽過之後我提問題能答上嗎？第一個問題：師父說：「不過有一點我們要了解」，那一點是什麼？能答上吧？說：「不要了解這個東西隨便妄加批評別人」，這是不是說不能批評別人，對不對？「不能隨便妄加批評別人」，前面還有條件嗎？「我們了解了這個東西，不要隨便妄加批評別人」，我們了解了什麼呀？了解了教正法、證正法、戒律之後，不能隨便妄加批評別人。接著師父指出一個原因，什麼原因啊？「佛菩薩到世間來，一定示現我們世間共同的量則。」什麼意思？好像跟你差不多，對不對？就是可能跟我們同事啊！然後師父還用了一個「跟你一樣，跟我們混在一塊兒」，所以如果學了點佛法的教理，亂去批評別人，有可能批評到旁邊那個同事，他是佛菩薩你不知道，對不對？這樣的話罪過就大了！02'08"

　　所以「我們應該有這個正確的認識」，什麼是正確認識呀？哪個正確認識？是教正法還是證正法？還是我們了解了一個東西不要妄加批評別人？哪一個？你們可以想一想。有了正確的認識之後要怎麼辦呢？有了正確的認識怎麼辦，還記得嗎？你們要仔細地看教理才能答。現在能答上嗎？還是一片空白？肯定有的同學大腦空白，對不對？「有了正確認識，自己衡量自己，努力爬上去。」所以這正確認識看起來是指什麼？教正法，對不對？你拿教正法衡量自己。注意哦！佛法的中心，師父用那幾個字說出來——「自己衡量自己」是什麼意思？「衡量」是秤自己有多重的意思是吧？看看是怎樣的。就是拿這個教正法一直對著自己的身語意，然後「努力爬上去」。注意！「爬上去」前面還有兩個字，記得哦，叫「努力」爬上去！03'23"

「所以剛才這種道理，是用來衡量我們自己，只有修學佛法，你能夠拿這個標準衡量自己就對了，不要看別人，看別人的話你就錯了。」這幾句話好理解嗎？好理解哦？一聽就明白！師父說拿了教理之後，不要去衡量別人，衡量別人直接就錯了！有這麼嚴重嗎？衡量別人就會錯了，然後看自己的話就對了，是這樣嗎？看別人的話就錯了。「所以處處地方佛經上面都告訴我們哪，你要了解這個，要了解這個。」了解什麼呀？拿這個教正法是要在自己的心上改變自己的，不是讓我們拿這個佛法的標準去批判世人，甚至走到哪兒都說別人錯，這個就是把佛法全

部都用錯了，因為佛法是要在內心上去實踐的。04'27"

　　聽了這樣的教理要在內心上實踐，就照著那個教理一步一個腳印地做，就好像你蓋一個莊園，然後你怎麼修路、怎麼種樹、怎麼畫圖、哪裡有游泳池，有的人就蓋這樣的莊園。你不是拿了這個完美的莊園的圖之後，四處去說：「你那個破房子、你那個破房子……」不是這樣的！你要動手蓋自己的這個華麗的莊園。所以自己要開始努力改善自己，才是佛陀希望我們做的。04'55"

　　在很多律典裡也有講：戒律的精神實際上不是拿這個戒律的繩子把別人綁起來，戒律的精神是律己的。弘一大師也非常強調這一點，就是要律己。談到律己，這個「律」字，不知道大家會不會覺得好像就代表約束？其實戒律的真正的名字是解脫，解脫就是把我們從煩惱和痛苦中解脫，恰恰是解開繩索的意思。但是理解錯了，就以為戒律是一個繩子把我綑起來。No！戒律是剪斷痛苦繩索的一把利劍，讓我們得到解脫，所以才叫別解脫戒。它直接是釋放我們的，不是綑起來的。佛陀的教理，必須要向內心看才可以的。05'42"

　　講到這兒，可能很多老師心裡就嘀咕了：「我是老師，那我就得管小孩……。」一邊管小孩也可以管自己，管小孩管得錯誤的地方自己也可以知道，也可以每天進步。因為在跟隨佛菩薩的過程中，我們都是一個學生、都是一個弟子，不管是什麼身分、什麼地位，好好地修行，拿教理來約束自己、改善自己，完成最佳的自利，然後才能利他，這才是一個最美的旅程。06'16"

　　所以在這一小段師父告誡我們的，再複習一遍：「拿標準衡量自己」，後面接著什麼？「就對了，不要看別人，看別人的話你就錯了。」我再問大家一句：「看別人就錯了嗎？」如果我看別人的功德呢？會錯嗎？不會！這裡邊師父是說你看別人的恩、看別人的功德都錯了嗎？不是！是總是批判別人，而且是隨便地就妄加批判別人，一有什麼事情發生，要找一個罪魁禍首的話，一定會找到別人。總之都是別人的錯、天下的錯、世人的錯，就是沒有找到自己心上的無明的錯，師父說這叫大錯特錯了！07'06"

　　大家知道我們自己或者別人都可以內心有個衡量，如

果你旁邊有一個人，從早到晚整天說你不好的話，你真的是很難快樂的；你做了一件事情希望能夠讓他高興一點，說一點讚美的話或者說一個認同的話，可能劈里啪啦就一頓批評。其實常常聽到批評、常常聽到否定、抱怨、發牢騷，很多人的生活會被這些語言攪得一團亂，甚至過得非常地低靡，很難快樂。07'43"

　　很簡單！你喜歡天天被人批評嗎？你喜歡天天被人指責嗎？如果不喜歡的話，那就不用這樣去指責別人。拿教理的鏡子來照自己，拿戒律來衡準自己，加強自己的修為，我覺得這是佛法最真實的利益。師父會在整本《廣論》的講解裡邊一直提醒我們：千萬不要老去批評別人，提到別人的時候要懷有感恩心。當我們這個心看向別人的時候，是懷著感恩，或者他有什麼地方我能夠學習的一個謙卑的角度。然後發生什麼不好的事情的時候，從自己的身上找找原因，不要都說是別人弄的。這個聽起來很簡單的原則，如果我們會去操作的話，會從一個痛苦的人變成一個感恩的人，感恩的人就幸福多了！如果都是別人的錯，別人沒那麼容易改，那我們何時能夠幸福呢？全天下的人都對不起自己，自己怎麼可能幸福？自己就是那個被傷害得最深的人，是無法獲得快樂的。08'47"

　　可是我們一旦懷著感恩的心對別人，總覺得自己對別人做的還是不夠的，那我們就會覺得我們受恩於很多、很多人，那個人已經給我太多、太多了，我怎麼報答也報答不完！所以就無從去對別人發牢騷，或者說：「我這麼不幸都是因為你」，就不會得出這樣的奇怪的理論。因為自己不為自己的因果負責，推在別人身上，這是不信因果吧！09'15"

線上音檔掃描

講次 0262

「自淨其意」是佛法的入門要求（一）

在開始研討之前，大家調整一下自己的動機：不僅僅是為了自己，要為了利益盡法界、遍虛空界的一切如母有情都能夠成辦離苦得樂的利益，所以我們必須去希求佛果。如果想要得到所有的痛苦都遠離、所有的功德都圓具的那樣一個果位，我們必須知道那樣的果位是有因的，要循因而修才能夠成就。那麼如何是一切遍智的因呢？就是要跟隨善知識聽聞教法。所以我們要調整自己的動機，成為嚮往大乘的動機。00'42"

廣論音檔段落　舊版 4B 20:13～21:58
手抄稿頁／行　舊版 1 冊 P124-L1～P124-LL1（2015 年版）
　　　　　　　舊版 1 冊 P124-L1～P125-L1（2016 年版）

好！今天我們接著聽。

　　你如果不了解這個，修學佛法了以後得不到好處，反而有害處。為什麼呀？因為你沒有修學佛法，你這標準是世間的標準，世間的標準嘛大家本來是雜染的，馬馬虎虎也就算了，彼此彼此。現在你修學了佛法，了解了佛法，佛法的標準高得很欸，它是佛的標準欸！然後你拿這個高的標準，拿得來不自己淨化自己，然後就拿著來看別人，這是個照妖鏡，一看哪！嗨，天底下所有的人是妖魔鬼怪！這不是很簡單嗎？因為這個所有的大千世界只有一個是佛，佛也已經涅槃了；既然佛涅槃了，現在生在世界上面，當然沒有一個圓滿的，所以每一個都是妖魔鬼怪。只有一個人沒照到，誰呀？我。本來要這個東西淨化你自己，照你的，你不幸照錯了。因為你看見別人都是妖魔鬼怪，你責備別人哪，結果害了，自己下地獄了，諍論！所以末法的時期叫鬥諍堅固，這點我們要了解的。01'47"

　　所以剛才這個道理，是了解了是淨化自己的，別人都是佛菩薩。所以這個佛菩薩都用種種不同的境界——

我們常常拿普陀山，普陀山哪，哎呀，各式各樣的人都有的，的的確確有佛菩薩就在示現，他告訴我們哪，你不要隨便看別人喏！佛菩薩就示現這種量，他慈悲所以示現這個量。你了解了這一點哪，我們自然不管別人，管自己。所以如果說我們自己心裡面放不下，千萬不要說：「喔唷，我這個是大乘，小乘才管出離喔！」這個錯誤的，那我們要認得。一定要自己有了厭離心，然後進一步策發菩提心，然後呢再繼續下去。02'34"

好！這樣聽一遍，不知道你們預習了沒？我提問題你們會不會迅速地都能夠答出來？第一個問題，師父說：「你如果不了解這個」，請問「你如果不了解這個」的「這個」指什麼？應該是前一講的，對吧？不了解「這個」——我們有了正確的認識，然後拿這個認識自己來認識自己，努力地爬上去。那麼「不了解」的狀態是什麼呢？就是看別人，看別人的話就錯了。03'20"

再問大家一個問題：「不了解這個」，我們剛才已經都回答「這個」是指什麼，但是如果不了解這個有什麼過患呢？「得不到好處，反而有害處。」原因是什麼呢？為什麼如果我們不了解佛法是衡量自己的，修學佛法之後得不到好處，反而會有害處呢？為什麼？說沒有學習佛法之前，世間的標準就這樣了，但是了解了佛法之後，佛法的標準高得很。有多高呀？它是佛的標準。如果拿這個標準不看自己，來看別人的話，那天底下就都看成妖魔鬼怪了！04'12"

問人家一個問題：佛法是佛的標準，佛陀有沒有用佛陀的標準看世間？如果佛陀不拿佛陀的標準看世間的話，為什麼要勸大家修習出離心、菩提心、空性呢？因為跟世間人離苦得樂之道完全是反的，世間的都是無明，我們就要翻無明為智慧。佛陀證悟了真理之後，四十九年說這麼多法，都是把他講的法來看這個世間，然後讓我們抉擇出這兩者的差別——什麼是真正的苦因、什麼是真正的樂因。一直希望我們了解。那麼為什麼我們學了佛陀這個標準之後，一看別人就變成照妖鏡了？這是怎麼回事呢？05'02"

講次 0263

「自淨其意」是佛法的入門要求（二）

學教典之後，學到了一個高的標準，但是其實他起步點的標準是什麼呀？是佛法要拿來看自己的，對不對？這是不是一個佛法的標準？其實他這個標準是沒有學到的。我們沒有完成淨化自己的這個過程，開始直接拿這個標準來說別人的話，就會起反作用。為什麼呢？因為我們說的東西我們也不知道是什麼，我們自己在心裡沒有體會過。沒有體會過，可能會變成空口說白話，無始劫來我們會有一直向外看的這個習慣。00'43"

沒有經過自我淨化的人，然後就拿著標準去要求別人。要求別人之後，他不會教給這個別人「第一個其實就是淨化自己」，因為他就沒有淨化自己，所以會天下大

廣論音檔段落　舊版 4B 20:13～21:58
手抄稿頁／行　舊版 1 冊 P124-L1～P124-LL1（2015 年版）
　　　　　　　舊版 1 冊 P124-L1～P125-L1（2016 年版）

亂。其實他這個標準拿出去之後不是佛法，所以就變成了害處了。所以學佛法以後得不到好處、反而有害處的原因，不是說佛法有害處，而是說他學的不是佛法。因為佛法最基本的就是淨化自己，這是基本入門的要求，聽懂了就是「自淨其意，是諸佛教」。而「諸惡莫作，眾善奉行」，這兩個都在心上「自淨其意」才能完成。01'24"

如果學了這麼多，連自淨其意這件事都不知道，也不願意去練，反而去說別人的話，那應該不知道修的是什麼。他去照別人的時候，會照到他自己也非常地痛苦，然後別人也非常地煩惱，變成天下大亂，所以就會有害處。為什麼會有害處？因為他不是在弘揚佛法。01'49"

所以，聽了法之後，最重要的一點就是：會不會拿佛陀教我們的這個真理來淨化自己——自我完成對自我的淨化。也就是前面講過的「律己」，這個有沒有學會？有沒有知道佛法的一入門就是要看自己的？02'08"

但是比如說佛陀給我們講法，不都是他在苦行林裡修行、靜坐，然後夜睹明星、開悟了真理，然後就講給我

們？那也是他悟到的道，他講給我們。我們很顯然不是在佛陀領悟的那個境界之中，佛陀也把他領悟的東西講給我們，那為什麼不會傷害我們呢？為什麼？因為佛陀自己親自實踐了這個真理，他知道所有的次第應該怎麼辦。他也知道這些沒有看到真理的人有多麼地痛苦和可憐，所以他絕對不會拿一個標準來要求別人，然後生起傲慢、鄙視，甚至對不懂的人造惡業。不是這樣的！02'59"

就像一個慈母對小孩一樣，他是有深刻的慈悲心的。比如說這個小孩有胃腸病、那個小孩肝怎麼樣，然後母親就會善調各種食物給這個小孩吃，而不是幼兒園的一個小朋友餵另一個小朋友。所以一定是一個有慈悲心的媽媽，知道什麼對身體好、什麼對身體不好，這個階段該餵什麼、下個階段該吃什麼，調好了那個藥，才不會傷害服法藥的我們，對不對？03'30"

所以為什麼自己不能一上手就拿這個鏡子照人？因為連自己還不會照，你照人的時候沒有經驗，會把這事情都弄亂套，它這有嚴格的次第。大家認為呢？所以師父在這裡邊說：「本來要這個東西淨化你自己，照你的，你不幸照錯了。」因為看見別人比原來看的還慘，更加妖魔鬼怪，然後就開始，注意！後面師父說那句話：「你責怪別人哪！」學了佛法之後沒有學到慈悲心，慈悲心就是心胸非常地寬容——法界有情為量，都是如母親一樣的敬意喔！如果把有情看成如母親一樣，我們就會想要孝敬、報恩，會有這種心態。可是沒有學過慈悲心，拿法鏡照人就責備別人，注意——結果自己下地獄了！04'26"

那我問大家一句話：責備別人就一定會下地獄嗎？為什麼？這會不會師父說得太嚴重了呀？我天天責備別人就會造那樣的業嗎？先別說一定，那有可能嗎？為什麼有可能？理由是什麼？04'48"

所以師父的下一段就是在解釋這個問題——04'53"

為什麼會有可能造下下地獄的因？04'57"

師父就舉了普陀山對吧？說普陀山有各種各樣的人、各種各樣的示現，有的就是佛菩薩的示現。有認真聽嗎？大家都知道觀世音菩薩就曾經扮演一個乞丐坐在路上跟大

家要錢，其實他是觀世音菩薩，對不對？還有文殊菩薩的種種示現，比如可能會示現成一個為你煮飯的；還有一些善知識會示現成為你扛行李的，對不對？他有各種示現，你根本不知道他的本地風光是什麼！所以這種狀態下，如果你不了解的話，就是非常非常麻煩的！所以為什麼我們拿這個標準去責怪別人之後容易下地獄？萬一我們用一個瞋心對到佛菩薩的話，就有可能造下這個地獄業，所以還是懷著恭敬對別人比較好。05'53"

線上音檔掃描

講次 0264

尋覓善知識，持戒是最基本的德相

好！下面我們接著聽。

　　所以大師就是個典型的例子，他由於這個次第很明白、很清楚，所以他絕對不會說：「啊，這個出離心是小乘的，所以小乘戒不管。」你看，他對小乘戒守得這麼嚴密啊，那一點都不能錯！然後在這個上面才能夠建立菩薩戒，然後再，密乘更是如此。現在是更糟糕了，很多人學大乘的，哎呀，我是個大乘的，小乘不要；學密乘更是糟糕了，反正是密乘最好，又可以吃酒，又可以吃肉，又可以結婚，說起來最高的。唉，真正的教法哪裡是這個樣的！00'40"

廣論音檔段落　舊版 4B 21:58～23:15
手抄稿頁／行　舊版 1 冊 P125-L1～P125-LL4（2015 年版）
　　　　　　　舊版 1 冊 P125-L2～P125-LL3（2016 年版）

　　所以這個地方我們能夠正確地認識，有一方面固然自利很重要，一方面萬一有人弄錯了，你認識了這個，你去衡量的話，大概也不會走上錯路去，這一點也是非常重要的！所以一方面固然是說明造者殊勝，讓我們曉得怎麼去找善知識，一方面從這個例子當中，也讓我們明確地認識，不要被眼前莫名其妙的這種事情所騙。那麼這個是自利，下面呢，在第六頁上面是利他。01'24"

　　好！那我提一個問題，師父說：「不要被眼前莫名其妙的這種事情所騙」，這個莫名其妙的事情所騙是指什麼呢？這裡邊有舉例子嗎？有，是吧？你們的答案是什麼？「莫名其妙」的這一點，應該主要是指對戒律的看法，比如說他認為這個出離心是小乘的，所以小乘戒不管，他自詡為學大乘的，對不對？但是阿底峽尊者的示現不是這樣的，他對小乘戒守得是非常非常地嚴密，對吧？一點都不能錯。然後在這個基礎上建立了菩薩戒，然後才密乘戒。這裡邊莫名其妙的事情就是那種看法，說：密乘好啊，又吃酒、又吃肉這種看法。師父說：真正的教法哪有這個樣子的！對於密法不要持這樣的看法。02'27"

　　大家都知道密法是在出離心、菩提心的基礎上，還要學習空性，所以密乘戒是要求地非常非常嚴格、越來越精細的，不是到上面反而拋棄戒律，不是這樣的！所以這個「莫名其妙的事情」，我們在這裡邊可以理解為對於戒律胡亂地解釋，還有那種沒有在持戒的行為，就是莫名其妙。02'51"

　　這裡邊有告訴我們：修學佛法尋覓善知識的時候，一定要注意善知識最基本的一個德相，就是他對戒律的持守，那是最基本的德相。因為戒律是軌成出離之道，我們才能夠學到律己呀！戒律最基本的精神就是律己，然後降伏煩惱得到清涼啊！如果連這個基本功都沒有的話，我們靠近他是不會得到利益的。那我們尋覓善知識有什麼範本可以依靠嗎？其實就像阿底峽尊者示現的這樣。03'24"

　　所以我們對於那些莫名其妙的這種現象，至少內心裡可以有個正確的認知──對戒律這樣的態度是錯的，我們也不會去走這樣的路。看到有這樣的人，我們也知道心裡有個正確的看法，就是不隨逐。也可能還可以幫忙一下，比如說讓他學一下道次第，學了之後就不會有這樣的看法

了。03'47"

　　所以師父給我們介紹《阿底峽尊者傳》，強調戒律的重要性——從阿底峽尊者的示現，到我們學佛最基本的就是一定要學會拿這個佛法的標準來衡量自己、來律己，先淨化自己。請問什麼叫淨化自己呢？淨化什麼？淨化煩惱，也包括淨化我們一直要管別人的這種習慣，對不對？一直上手就要說別人，什麼事都要說別人、批評別人。而說別人的時候很少是懷著慈悲心，多半都是懷著瞋心、慢心、很多各式各樣的心，總之可能很少相順於慈悲心的。04'33"

　　這樣負面的、觀過的，甚至造很強烈的瞋心的業，我們去說別人其實對自他都完全沒有好處，會造墮落的業。所以師父再再地提醒我們：當我們學習了佛法，千萬注意到腳下的路，腳下的路要走得踏實！這個踏實的路，一定是拿佛法的標準來律己的。04'59"

　　所以師父為什麼說：「諍論、鬥諍堅固」呢？就是這個佛法沒有拿來淨化自己，你說我、我說你，大家就亂了。如果都拿來淨化自己的話，和合也不會有太大的問題，因為遇到問題了我們總會去尋找：啊！可能是我哪裡哪裡有些問題。一旦變成這麼謙虛柔和的態度，人們也不容易鬥諍堅固。05'24"

師父在《廣論》裡──現在是講《阿底峽尊者傳》──在字裡行間都是在規勸我們要改掉老是看別人、說別人這樣一個習慣。這樣的習慣對於一個凡夫來說、對一個初業行者來說不是好習慣，會讓我們造很多墮落的業，因為看出去的世界實在是太糟了！沒有一雙會尋找美的眼睛，看到的都是醜陋的，都是不如自己的，甚至是恐怖的，看不到美好的東西！06'03"

那如何能夠看到美好的東西呢？要先把這種一直在看外面的目光，先移回來注視自己在說什麼、自己在想什麼。甚至看一看自己的表情，知道自己常常皺眉嗎？知道自己跟別人說話常常聲音太大，或者對別人講話不是很客氣嗎？知道自己說話很失禮嗎？沒有尊重別人嗎？這些都要自己看了自己才知道，不然也不知道。因為我們這一輩子最大的陌生人就是自己了，眼睛長在外面、嘴一輩子都

說別人，沒法跟真實的自己相遇。所以學佛最起碼的一個要求，就是要學會習慣性地看自己，就是所謂的「活在當下」，誰的當下啊？自己的身、語、意正在造什麼業自己要知道。07'01"

線上音檔掃描

講次 0265

依靠好環境，練出向內看的習慣

　　我記得在哪一講講過一個照妖鏡的問題，現在師父又講，後面還會講。你就會發現跟著師父在隨學的過程中，師父一直要提醒我們這個問題。因為向外看是一個習慣，然後向內看也是一個習慣。很顯然剛學的人向外看的習慣太嚴重，向內看的習慣沒有，所以必須跟著善知識，跟著僧團，大家要學習艱難地開始向內看。00'29"

　　有些人向內一看，黑洞洞的，什麼也看不到，總覺得自己有道理——我能看到一大堆合理的道理，一看別人就看到一大堆不合理的道理。但是我們可以越過這些東西，再看。還有的人非常害怕看自己，當他看自己的時候，可能是不知道會發生什麼，所以一看到自己就覺得非常緊

廣論音檔段落　舊版 4B 21:58～23:15
手抄稿頁／行　舊版 1 冊 P125-L1～P125-LL4（2015 年版）
　　　　　　　舊版 1 冊 P125-L2～P125-LL3（2016 年版）

張。其實這些都可以慢慢地穿越，因為你看到不好的你就改掉它，看到好的你就增廣它，每個人的心裡也都有美好的東西，不然我們就不能成為人了，對不對？生為人還是有條件的，所以也不要那麼害怕。但是養成一個向內看的習慣是非常辛苦的，大家一定不要拒絕這種修鍊，不要拒絕這種練習。01'13"

發現在商量問題時，商量、商量，我們那個鋒利的東西就出去對別人了！當然有可能現在學了教法之後，我們是見解上的討論。但是當我們這個態度開始變鋒利，開始變得非常生硬的時候，自己能不能有一個警鈴開始響起來：「欸！我又開始對別人犯老毛病了！」這時候要不要深呼吸一下，調整一下，說：「對不起，給我一秒鐘的時間。如樹應安住，我調整一下。」然後你可能就再勉強地微笑一下，不要用那麼可怕的臉對別人。因為我們這個臉非常奇怪，只有照鏡的時候是面對自己的，不照鏡的時候都是面對別人的。我們到底呈現出一張什麼樣的臉讓別人看？很少人自己知道吧！對不對？是這樣嗎？還是你們都知道你們給別人看的是什麼臉？就照鏡子的時候會遇到自己，平常都是別人會遇到你的臉。所以盡量給別人一個稍稍柔和一點、和藹一點的臉色，這個也是要修鍊的。02'12"

所以，非常非常地希望我們能夠珍惜師父對我們這種提醒。你看，在《阿底峽尊者傳》提到戒律的時候又提到這個問題。因為我們不會向內看的話，我們就沒法達成戒律的要求——對自己的心念了了分明，對自己的語言了了分明，你非常知道前一刻說了什麼，哪一句話是說錯的，下一念就改了。我們跟不上我們的心念，心念太快了！電光很快吧？風很快吧？流星很快吧？流星那麼快，我們還能看到呢！當那個樹在搖擺，或者雲在飛的時候，我們知道可能風在運行，可是我們的心念呢？「逝者如斯夫」，像洪水一般流過去的心念，有幾個心念是能夠抓住的呢？你只要在念密集嘛的時候，看看你清清楚楚念的有幾個就知道；或者念幾句觀世音菩薩，接著走神了，能知道是在第幾句走的嗎？然後又什麼時候拉回來的？03'09"

所以這樣想一想：我們最不了解的就是自己的心、自己的語言、習慣，甚至是自己的審美。出去看別人是用審美的觀點在看，還是用一個到處看不好的、看恐怖的觀點在看？——因為沒有審醜這個詞——用什麼樣的目光在看？我們看出去的和我們內心的世界是吻合的，沒有審美，就會看到醜陋的東西，我們不會看光彩之處，因為沒有養成習慣。03'39"

　　師父在這一段講《阿底峽尊者傳》，講到阿底峽尊者連最細微的戒都守得這麼好，又提到了千萬剛學的時候，不要拿這個標準去到處看別人啊！要「有了正確的認識，自己衡量自己」，還有那句話──「努力爬上去」。這是個爬坡，爬坡是不輕鬆的；掉下去很輕鬆，但是也沒命了。所以向上爬每一步都很艱辛的，就是要擺脫舒適圈。當然你爬兩步到一個風光的地方，可以稍稍看一下，也是會有這種境界。但是我們必須要向上爬，每爬一步都要努力，努力才會有收穫！所以希望大家好好地堅持法鏡內照，看自己的心念在想什麼、聽自己在說什麼，甚至猜一下你的表情是什麼樣，猜一下！這對我們是很有好處的。04'36"

　　收攝一下。先想一想：我們所處的環境如果都是一個向內看的環境，我們就會改變這個習慣；如果我們所處的環境是一直相互指責的話，我們先忍、忍、忍，有一天也會忍不了，也開始指責。所以這個修行環境是很重要的！如果這修行環境大家都覺得不要指責別人，指責別人是錯的，不要讓別人痛苦。你不希望別人指責你，你也不要指責別人；當你有慈悲心的時候，你就勸勸別人。05'07"

所以我看到這個修學環境的重要性。我們在這個環境裡是會學好的，我們不會跟原來一直一直說別人過失、說別人過失這樣的人聚在一起，口業的那幾種——離間語呀、說是非，天天講這個，講久了之後，耳濡目染我們就慢慢變了。可是如果我們在一個觀功念恩的環境，向內看的環境，每天修鍊自己的話，注意！假如給你十年，這兩者你想想會差多遠？十年之後，生活在這兩種環境的人，他們會相差多遠？這就是修學環境的重要性，就是廣論班的重要性，就是僧團的重要性！05'50"

【作業】請坐下來，調整一下呼吸，看自己。

廣海明月

——道次第廣論講記淺析

第五卷

一脈相承的
《般若》、《現觀》
與《道炬論》

線上音檔掃描

講次 0266

《現觀》：令所化易於了知《般若》內義（四家註）

　　好！今天我們開始學習《四家合註入門》裡邊「造者殊勝」的解釋，請大家把《四家合註入門》翻到92頁。看文：00'15"

　　㊟第二、正敘所說：由是菩提道次第引導，分四：一、為顯其法根源淨故開示造者殊勝；二、令於教授起敬重故開示其法殊勝；三、如何講聞二種殊勝相應正法；四、如何正以教授引導學徒之次第。今初：所言㊟根本及直接造者：00'50"

　　總此教授，即是至尊慈氏所造《現觀莊嚴》所有教授。別則此之〔教典，㊟令意正安住故，名為教典，如燈照明闇中黃金等，此亦照顯菩提道故，即是《菩提道炬》。〕故彼造者，亦即此之造者。⑤是語顯示此二上師同一心續。究竟而言，固為同一心續，然此文義是謂此《菩提道次第》所詮說之根本教典或如根本頌者，即為覺窩傑所造《道炬論》，故彼造者理應亦為此道次第之造者。下文所說法殊勝，亦即宣說《菩提道炬論》之殊勝，其旨實同。〔彼復⑤往昔勝者降世之時，於王舍城中示現長者相，名曰賢護菩薩。以卓壟巴云：「於勝者前名佛子賢護。」綽普譯師云：「昔於佛世尊汝名賢護」故。〕即是大阿闍黎〔迪邦⑥為燈，嘎惹⑥為作，師利⑥為吉祥，迦那⑥為智。〕別諱共稱勝阿底峽。⑤此中有上師謂由具增上意樂，故名曰阿德雅峽；眾聲明論師謂為至極寂靜之義；然如傑仁波切云：「傳稱最勝三百十」，阿底峽應為超勝或殊勝之義。02'42"

這是《四家合註》解釋。02'44"

　　現在我們看93頁的「講記」。要認真看書喔！在講記裡邊說：「第二、正敘所說」，正敘所說開始了。語王尊者的箋註已經圓滿地結束，這應該是妙音笑大師的箋

註。接著就是菩提道次第門引導，分幾啊？「分四」，這是《廣論》的什麼？科判。哪四個會背吧？「第一、為顯其法根源淨故開示造者殊勝」，就是這個法的源頭是非常清淨的。怎麼個清淨呢？就要講一下造這本論的人是有多殊勝。「第二、令於教授起敬重故開示其法殊勝」，就是我們對這本論給我們的教授能起一個殷重之心，怎麼樣能夠得到這殷重之心呢？就要開示這個法有多麼地殊勝。「第三、如何講聞二種殊勝相應正法」，怎麼樣講、怎麼樣聽。「第四、如何正以教授引導學徒之次第。」然後「今初」就是「所言根本及直接造者」，這四個科判其實包含了從一開始親近善知識軌理，直到最後的雙運果位——成佛中間的所有道次第，是沒有缺少的。04'08"

第一個，「為顯其法根源淨故開示造者殊勝」，這裡邊的「根本及直接」的「根本」到底是指什麼？這個根本就是《廣論》的根本。《廣論》的根本是什麼？就是《道炬論》。那麼《道炬論》的造者，就是覺窩傑具德阿底峽尊者。《道炬論》所說的教授是什麼呢？其實就是至尊慈氏所造《現觀莊嚴論》的所有教授。《現觀莊嚴論》是誰造的？是至尊慈氏所造的。那是怎樣的一本論呢？這個論能讓所化機非常容易地了知廣、中、略三種《般若》的一切內義，也就是《佛母》的內義。這本論聽起來滿神的──用我們的話來說非常地神，它能把甚深的《般若波羅蜜多》廣本、中本、略本的內義都讓我們──注意那個「易」字──更容易了知，就像莊嚴一樣，所以叫《現觀莊嚴》。05'25"

當中統攝了《般若經》裡次第超脫、不合之處，並攝集了廣、中、略三部《般若》的內義。次第超脫，這個「超脫」是從藏文直譯過來的，就是說好像有點不合次第那樣的。但是譯成「超脫」有待考慮，是這樣嗎？因為看了「超脫」不知道是什麼意思。所以在《般若經》裡我們看起來：啊，好像次第不是這樣的！不合之處如果讀了《現觀莊嚴論》就非常地容易理解。是我們非常非常需要的一本論，不然我們沒辦法讀懂《般若經》。06'03"

那麼《現觀莊嚴論》中宣說了什麼呢？06'09"

宣說了隱義現觀次第和顯義空性次第兩者。06'14"

　　請問這兩者在《廣論》中是指哪個部分和哪個部分呢？06'20"

　　大家知不知道？可以想一下。06'24"

　　在〈奢摩他〉之前是完整無缺地宣說隱義的現觀次第，〈毗缽舍那〉則是宣說顯義的空性次第。大家都知道《般若經》是講空性的，但是它的隱義是宣說道次第，顯義是空性。06'41"

線上音檔掃描

講次 0267

《道炬論》：如燈照顯菩提道（四家註）

　　那麼什麼是隱義現觀呢？「隱義」顧名思義就是隱藏的意涵，隱義是相對於顯義來說的。《般若經》的所詮可以分為顯義和隱義兩個部分：顯義就是指空性，我們在讀《般若經》的時候，從字面上很容易看到《般若經》是在宣講空性的內涵，所以空性就是《般若經》的顯義；而隱義就是《般若經》裡所含的現觀的道次第，現觀的次第隱藏在《般若經》裡，隱藏在開示空性的經文的內涵裡面。00'48"

　　現觀次第是什麼呢？就是指修道的整個過程中要修什麼——先修什麼、再修什麼、後修什麼。比如說它的體性、數量、次第決定等等，這些內涵就是屬於現觀的次

《四家合註入門》頁／行　1 冊 P94-L1～P94-L7

第。通常我們一般的話，不容易一讀《般若經》的經文就能夠明了現觀的道次第，一般人是做不到的，必須要有善知識的傳承教授才能了解，所以現觀的次第才被稱之為「隱義」。01'31"

那麼隱義的現觀和顯義的空性能為我們帶來什麼勝利呢？隱義的現觀次第是指完整的修道次第，一個凡夫要怎麼修行才能夠最後到達佛地，這樣整個修道的過程，超越所有的菩薩——成佛。在這個過程當中必須要修學空性，才能夠斷除煩惱的根本，徹底地脫離輪迴，乃至成佛。所以我們透過學習隱義的現觀和顯義的空性，能夠了解如何修行，沿著佛陀、祖師、菩薩教導我們的次第循序漸進，最後能夠徹底地遠離所有的苦、得到一切的快樂。我再說一遍：是徹底地遠離，那種痛苦不是說把它打退了之後，過了一段時間再回來；是消滅掉，是永遠不會再生起痛苦。而所有的快樂也不用費力地得到，就像湧泉一樣，是圓滿的、一切的快樂。02'43"

按照《廣論》的次第來說，我們必須要先學習隱義的現觀次第，因為那是趣向空性的基礎。有了前面的基礎，我們才能夠更進一步地學後面的〈毗缽舍那〉，在〈毗缽舍那〉的章節裡我們就會學到空性。所以，隱義是顯義的基礎。03'09"

像以前在聽師父講的時候，有一天早晨的時候，我去請問師父。師父那時候剛讀完《般若經》，師父就很高興捧著《般若經》，然後就問我說：「《般若經》有沒有《菩提道次第廣論》的次第呀？」又接著問我說：「你有沒有讀到道次第？」然後師父把剛讀的那一段《般若經》，說：「你念一遍。」然後我就念了一遍。念了一遍，師父說：「那你給我講一遍。」當時就很驚訝，說：「師父，你讓我講嗎？」然後師父說：「你給我解釋一遍。」當時我在心中祈求了一下，請師父加持，因為師父讓我講，我就開始照字面意思那樣，在師父面前講了一下。04'04"

那一段寫的其實就是道次第，那也是一個緣起吧！希望以後能講《般若經》中的一段，我是會沿著祖師的釋去講。敬請期待！04'20"

下面我們看《四家合註入門》的94頁：

「別則此之教典，即是《菩提道炬》」，所謂的「教典」是什麼呢？就是「令意正安住故，名為教典」。「令意」，就是令我們的心意，怎麼安住呢？前面有個詞叫「正安住」，就是讓我們的心非常非常舒適清涼這樣的教授，就是教典。這是巴梭法王的箋註。04'57"

這個教典如果有個譬喻的話，就像什麼呢？這個《菩提道炬論》像什麼呢？「如燈照明闇中之黃金等」，如果有個屋子裡桌子上堆滿了黃金，那個金磚或金塊，能想多大都可以。可是我們也不知道這是什麼，看不清楚，可能是以為一些鐵呀或者銅塊，甚至是木盒子什麼的。可是這個時候，如果房間裡的燈突然亮起來，我們會發現說：「哇！這桌子上堆的原來都是黃金啊！閃閃發光的黃金啊！」所以這個「照」，是照什麼呢？照這個金子，就是照顯菩提道——如黃金般珍貴價值的菩提道。有了這個教典的燈，我們才能夠認知、才能夠看到。如果黑暗裡沒有光明的話，放了黃金也看不到、也不知道；如果在裡邊點燃了火炬，那我們瞬間就能看到：哇！原來這是寶藏、這是金子！06'12"

　　同樣地，因為有了《菩提道炬論》，才能完全清晰地看見什麼樣的道路呢？趣往佛地的道路。這樣的教典是什麼呢？「即是《菩提道炬》」，就是阿底峽尊者造的《菩提道炬論》。「故彼造者，亦即此之造者」。這裡說的「此」就是指《菩提道次第廣論》。06'49"

線上音檔掃描

講次0268

依祖師論著，方能了解傳承教法（四家註）

　　還是看《四家合註入門》的94頁。「關於造者方面有許多的問題。」因為這裡邊說：《菩提道炬論》的作者，就是《菩提道次第廣論》的作者。很顯然《菩提道炬論》的作者是阿底峽尊者，《廣論》的作者是宗喀巴大師，為什麼說是他呢？所以關於造者有很多問題。如果阿底峽尊者是造者的話，那麼是否宗喀巴大師就不需著作《廣論》了？因為造者阿底峽已經著作的緣故──他已經寫過了。這樣的疑問很多。00'37"

　　關於這點，接下來語王尊者的箋註「**是語顯示此二上師同一心續**」，有些人說宗喀巴大師和阿底峽尊者兩位是同一心續，就是同一心續的不同示現。那這句話就意味著

《四家合註入門》頁／行　1冊 P94-L8～P96-L9

宗喀巴大師要表達自己是尊者的化現，但是語王尊者會認為這樣不合理，並不是這樣。「**究竟而言，固為同一心續，然此文義**」，語王尊者他並沒有說不是同一個心續，但是這段文的意思是說：《菩提道次第》所詮說的根本教典或者根本頌，即是覺窩傑所造的《道炬論》。《道炬論》的造者就是阿底峽尊者，「**理應亦為此道次第之造者**」，這裡的造者只是從義理上說，並沒有說文字的造者。因為《廣論》就是在解釋《菩提道炬論》，所以阿底峽尊者理應是此論的作者，是大師的意思。01'39"

怎麼知道呢？語王尊者的說法中提到：「**下文所說法殊勝**」，接下來會講述法的殊勝，在講到法的殊勝的時候，就是在說《菩提道炬論》的殊勝，從這裡就可以推知這個結論。01'56"

那麼如果換成是提問的方式，再來思考這個問題的話，會不會這樣想：佛薄伽梵宣說了廣、中、略三種《佛母》——就是《般若》，既然已經講了《般若經》了，就等於講了《現觀莊嚴論》。因為此論的內容在廣、中、略三種《佛母》裡面都有，所以可能還會產生疑惑：「這樣

的話，著作《現觀莊嚴論》不就沒有意義了嗎？那麼，既然已經作了《現觀莊嚴論》，著作《菩提道炬論》不就沒有意義了嗎？因為它一切的教授都在《現觀莊嚴論》中有了。而尊者已經著作了《菩提道炬論》，其中的內涵和《廣論》也是一樣的，那麼著作《廣論》也就沒有意義了。」對不對？不知道大家會不會現起這樣的想法？有的話，事實並非如此，每一部論都有它各自殊勝的意義。這樣想了的話，除了《般若經》，其他的教典就都不應該寫了，因為佛陀都講完了。佛法佛陀都講完了，祖師也不用再造論了，因為再造論也是解釋其中的意思。03'01"

攝集廣、中、略三種《佛母》一切扼要於一處的，就是《現觀莊嚴論》，這就是著作《現觀莊嚴論》的意義所在；明了《現觀莊嚴論》的話，就能夠通達廣、中、略三種《般若》所說的一切內涵。注意！佛陀雖然講了《般若經》，但是我們能不能看到其中有隱義的現觀道次第？沒有《現觀莊嚴論》，可能我們都是讀不懂的。有了《現觀莊嚴論》，如果不著作《菩提道炬論》的話，在《現觀莊嚴論》中，並沒有按照各自的次第安立出下、中、上士三種士夫這樣的一個框架。對不對？在《現觀莊嚴論》裡沒有直接這樣安立，《道炬論》裡才有。03'48"

開創三士夫道軌的應該就是覺窩阿底峽尊者，以前在印度應該是沒有的。後來《道炬論》造完之後，送回了印度，印度的這些大班智達們說：「哎呀！覺窩傑去西藏是件很好的事，如果不去西藏的話，就不會作出這樣的論著。」藏人把阿底峽尊者從印度請到西藏，他們一定是心痛了很久，這事一直在心裡都想不開。然後直到阿底峽尊者寫了《菩提道炬論》送回去之後，得出這樣的結論。因為在印度不需要造這部著述，很多的大智者就能夠通達。後來也有來自印度的祈請，希望能有此論的自釋。依次宣說安立三士夫的行相，這就是著作《道炬論》的目的。04'42"

而《道炬論》的文字大家看過吧？極為地精要，圓滿完整地含攝顯密之道。這樣的話，除了上等根機的補特伽羅以外，下等根機的補特伽羅無法證得其中的義理。就是因為太精要了，所以看不懂，因此也非常需要著作《道炬論》的解釋。所以「故彼造者，亦即此之造者」，就是指《廣論》的內涵的造者是具德阿底峽尊者，並不是說文字

的造者是阿底峽尊者。有在聽嗎？05'21"

這樣層層的推理會發現：其實我們看《般若經》應該也看不出三主要道，對不對？看《現觀莊嚴論》也看不出來。這裡邊的道次第的安立，可能並不能從《般若經》直接地讀懂或者學會。05'41"

所以就很感恩這些祖師、菩薩能夠造這樣精闢的論典，讓我們這樣的後學透過學習《廣論》來了解《道炬論》、《現觀莊嚴論》，進而了解《般若經》，這是讓我們感恩戴德的一件事情！05'59"

想到此處，會不會想頂禮這些造論的祖師們？因為沒有《廣論》，我們也沒法知道阿底峽尊者《道炬論》的內涵，也沒法了解《現觀莊嚴論》、《般若經》。所以也感恩師父能夠這樣逐字地為我們解釋，給我們講《四家合註》的仁波切。沒有這一些大善知識，還有所有傳法的上師們，還有把《四家合註》翻譯過來的譯經院法師，我們是沒法了解這麼精采、清淨圓滿的傳承教法的！06'38"

廣海明月

——道次第廣論講記淺析
第五卷

於聖教所作事業

講次 0269

尊者利他功德——令佛教如日中天

今天我們會學：「於聖教所作事中分二：一於印度所作事理，二藏中所作事理。　今初」。請大家認真聽師父的帶子。00'17"

那麼換句話說，純粹利他部分。利他部分第一個在印度，第二個在西藏。這個內容我不詳細說了。總之，他由於阿底峽尊者出來了以後，把印度以及西藏整個的教法，錯的改過，不圓滿的圓滿，因為這樣的關係，所以如日中天維持了很久。實際上呢，宗喀巴大師又一次，所以宗喀巴大師改革到現在六百年來，他在西藏的狀態，很長一段時候如日中天，雖然後來慢慢地下去了，但是呢始終保持著很好的。反觀我們目前，我們國

廣論音檔段落　舊版 4B 23:15～24:13
手抄稿頁／行　舊版 1 冊 P125-LL3～P126-L4（2015 年版）
　　　　　　　舊版 1 冊 P125-LL2～P126-L6（2016 年版）

內一塌糊塗，原因就是說，原因就在這裡，這是我們要了解的一個事實。01'17"

這一段，我很想知道在研討班各位班長到底會怎麼帶這一段？比如說大家的著力點會放在哪裡呢？這一段可能很多同學各自有各自的側重點，但是請大家看：「於聖教所作的事中：於印度所作，於藏中所作」，這是由地域的原因，阿底峽尊者對聖教所作的事業。那麼對聖教所作的事業是什麼呢？就是令聖教振興、饒益有情，所以師父說是純粹的利他部分。純粹的利他部分是什麼意思呢？就是徹底地饒益眾生的部分。然後師父說內容是怎麼饒益的不詳講，「總之，他由於阿底峽尊者出來了以後，把印度以及西藏整個的教法」，注意！「錯的改過來，不圓滿的圓滿，因為這樣的關係，所以如日中天」，不僅僅是如日中天，還有「維持了很久」這樣的狀況。02'35"

那麼我們就看這一小段。02'38"

阿底峽尊者應化在這個世界上，為我們到底帶來了什麼利益呢？02'44"

印度和西藏的佛法又開始如日中天。02'49"

教法開始如日中天之後，那會對眾生產生什麼樣的饒益呢？02'55"

就是在他的弟子們中會出現很多成就者，有數不清的眾生會和這個教法結緣，比如說十善業會很廣闊。所以佛教如日中天的這個盛況，正是對眾生完成最深切的利益，這就是阿底峽尊者的功德。03'21"

我想要請大家注意到的是：注意！這裡邊只是說由於阿底峽尊者出現了之後——就是一個上師——令佛教如日中天，饒益了從印度到西藏這麼多的有情。怎麼令佛教如日中天呢？詳細內容我們會去看《阿底峽尊者傳》。但是尊法師翻譯的《阿底峽尊者傳》是節選，不是全部的。現在譯經院的法師們正在翻譯一個完整的版本，到那時候再詳細地講。那麼現在學習到阿底峽尊者的功德的時候，注意！就跟佛教直接連繫在一起，所以佛教如日中天就是對眾生最深切的饒益。這裡邊涉及到把不清淨的傳承改過來——錯的要改過、不圓滿的圓滿。不圓滿的可能是次第不全，所以把一個凡夫一直到成佛所有的次第、內容都能夠圓滿。04'29"

接著說：實際上，宗喀巴大師又做了一次！宗喀巴大師改革到現在六百年了，也是如日中天，雖然現在有一點下滑，還是非常好。這也是我們能夠學習到宗大師教法非常殊勝的因緣，可以接觸到這麼清淨圓滿的教法。當我們學到這個教法的時候，我們一定要記住：是阿底峽尊者深切的饒益！他本來是孟加拉的王子，費盡辛苦地出家，又跟金洲大師求法，渡海就花了那麼多年，後來西藏人拚死拚活把他請來——我們要感謝請法的人。05'12"

線上音檔掃描

講次 0270

設身處地，體會尊者建教艱辛

我有時會算，比如孟加拉的海拔是多少？然後阿底峽尊者是從阿里王朝那個地方開始進入西藏的，那個地方的海拔應該是三千八吧！而他的出生地孟加拉的海拔好像只有四米；住持的印度止迦摩囉室囉寺，約海拔五十二米，然後一到阿里王朝那個地方就三千八百。00'26"

因為我也去過藏地，我知道海拔一高之後其實吸不到氣，走路都很辛苦、晚上休息很辛苦、吃飯也很辛苦。總之做什麼都會花費非常大的力氣，走路的時候就像跑步一樣會喘。我們可能會認為阿底峽尊者非常有修行，海拔對他應該沒有問題。但是大家也都知道阿底峽尊者捨壽二十載，到底是怎麼捨的？可以想像：他本來是一個王子，經

廣論音檔段落 舊版 4B 23:15～24:13
手抄稿頁／行 舊版 1 冊 P125-LL3～P126-L4（2015 年版）
　　　　　　 舊版 1 冊 P125-LL2～P126-L6（2016 年版）

歷這樣的一個海拔；還有印度是很熱的，而到了阿里那邊其實是很冷的；再加上飲食習慣；再加上很多人都不是跟他說一個語言的，都說藏文，原來熟悉的朋友和上師們都不在，就他來到這邊，他可能只能跟他的幾個翻譯對話。所以到了一個這樣的地方。在這種狀態下，把西藏的佛教如日中天，他自己本身要承受多大的困苦的壓力，大家可以想像一下要承受多大的艱辛。01'31"

要穿越海拔、水土不服、背井離鄉，到了一個氣候、風光完全都不一樣的地方。原來阿底峽尊者很喜歡聽大象的叫聲，到了西藏沒有大象，想念大象的叫聲。所以從那樣一個他已經熟悉了、腰間掛了一百零八把鑰匙的佛教頂嚴的位置，到了西藏這樣完全陌生的地方，可能也沒有多少人認識他，然後在這樣的地方完成這樣一個偉業，把佛教振興起來。大家可以想一想：難度會有多大啊！幾乎是白手起家重新來過。02'12"

我們可以理解為：啊！那沒關係，他是佛菩薩。但是他也要喝水、要吃飯，到了三千八百米的地方……。像我們以前去西藏求法聽經，有一次有一個藏人，他待過三千

多米的地方。當我們開車到下一個寺院的時候,就會開到五千米的地方,他說:「我就不相信會有高原症!」所以他就從車裡下來,找一個路口的地方就開始跳,他說:「我是常年經歷過高原,我不怕!」就開始跳、跳、跳⋯⋯,跳、跳,他嘴張著就不說話了,因為已經講不出話也喘不出氣來,完全處在空白狀。後來旁邊的人就去幫他,發現他不行了,如果他再跳下去可能就得送醫急救了。其實他本身是個藏人,他說:「你們這些平原來的為什麼會有高原症?」他不太理解,說我跳給你們看,結果到五千米的時候,他發作了高原症。我們都沒發作,他發作了,為什麼呢?因為膽子太大了,他在那兒跳! 03'11"

那一次不知道是不是在五臺山,我也經歷了那樣一個很高的高原。那時候幾乎是沒法思考問題,耳朵會自然耳鳴,出來一走的時候就覺得好像是眩暈狀,往前走的時候好像是在轉圈一樣,走兩步有的人沒辦法就直接躺在草地上了,旁邊都是野花,還有露水,就直接躺下去。為什麼呢?因為他就是極度地眩暈。以前我也看到有人去拉薩之後,在屋子裡走那個走廊而已,他要把手張開像翅膀一樣,必須要兩手張開扶著左右的牆才能向前移動,不然他就隨時會暈倒。所以這個高原症的問題，會讓人非常地麻煩！然後還有劇烈的陽光，會把你的皮膚曬破，曬破了之後，再曬破、再曬破，可能就發炎。然後可能醫藥系統啊，什麼飲食習慣都不一樣、住宿的環境……。04'08"

大家有沒有去過聶塘寺？不知道那個時候我們參訪的和古代的一不一樣？那聶塘寺是很小的一間寺院，阿底峽尊者就駐錫在那裡。可以想一想當年他駐錫的那個寺院的規模，那麼多大上師，裡邊有好幾個王子出家，那個繁榮的力量，建了那麼大一個寺院；然後來到西藏，就住在那麼小的一個聶塘寺裡面。所以，阿底峽尊者如果是為了自己能夠享一點福，他完全不可能離開印度來到西藏。04'39"

有在聽嗎？師父說：「錯的改過，不圓滿的圓滿……如日中天維持了很久。」這幾個字就這樣看過去，要想他隻身來到這樣一個地方，達到這樣的一個成就，他要付出怎樣的代價？大家可以設身處地地想一想。這樣想一想之後，才知道阿底峽尊者是用什麼樣的一個心來到了西藏。05'08"

現在我們只能看到佛教史留下這些記載，但阿底峽尊者到底受了多少苦？沒人詳細地去看一看他每一步是怎麼活過來的。所以我就發願：等到法師翻譯完了稍廣一點的《阿底峽尊者傳》，我一定要好好講一下！要讓我們記得阿底峽尊者他振興了西藏佛教，然後現在傳給我們。我們好好地珍惜！好好地努力！05'38"

線上音檔掃描

講次 0271

尊者殊勝成就，源於圓滿依止法

大家好！很高興又到了研討《廣論》的時間。我們研討到這一講的時候已經快到十一月了，十月末。加拿大的楓葉都紅了，很紅！其他的有一些不知名的葉子也在秋天變紅了。我覺得紅葉就很像修行人，用功的時間越長，到了秋天的時候它綻放得越為燦爛，所以大家平常一定要好好用功，不要浪費時間！00'32"

那麼在研討之前我們可以調整一下自己的意樂，把自己從平常的續流中稍稍轉移一下，想聽法的機會非常地難得！那麼為了什麼樣的目的和結果我們要聽法呢？就是為了把如虛空般的如母有情從六道輪迴的這個苦海中救出來，救到一個成佛的彼岸去，所以我們現在要種成佛的

廣論音檔段落　舊版 4B 24:13～26:18
手抄稿頁／行　舊版 1 冊 P126-L5～P127-L3（2015 年版）
　　　　　　　舊版 1 冊 P126-L7～P127-L6（2016 年版）

因；因就要先知，知道因的話就要聽法，所以聽法的時候就要端正自己的意樂，並且要儘量地斷除昏沉和散亂、器倒覆等等，就可以開始學習了。01'18"

那麼今天我們要學習的部分，是阿底峽尊者「**於聖教所作事中分二：一於印度所作事理，二藏中所作事理。**」我們前面學過了第一段，下面我們再來聽第二段，聽師父的帶子。01'37"

那麼最後我也說一兩個簡單的這個故事，來說明一下，用這個事例引發我們對他的認識。當年呢，譬如說以印度這個情況來說，那蘭陀寺的大善知識有好幾十位，好幾十位，像大明杜鵑論師、像阿嚩都帝等等。還有呢，對，現在想起來了，現在我們目前有一本很流行的書——《密勒日巴尊者傳》，我想很多人看過這個書。這個密勒日巴尊者是西藏人，他這個老師馬爾巴尊者是西藏人，然後馬爾巴尊者到印度去求法的，他這個老師帝洛巴尊者，那個尊者成就非常高，他是印度人。那個帝洛巴尊者，就是阿底峽尊者老師之一，喔！不是帝洛巴，那洛巴尊者。帝洛巴是這個那洛巴尊者的老師。這個那洛巴尊者自己本身，他也是印度一個國家的王子，王子，然後呢他不願意在家，不願意在家，想盡辦法出家，最後居然被他出成，他也是絕頂聰明。然後呢學的東西也是，同樣的是在世間的學問上面，出了家以後在佛法的教理上面，也可以說雄霸當時，這樣了不起！他最後呢見到他的老師以後，在證量上面也達到最高的程度。03'17"

當年在阿底峽尊者印度的時候，有這樣成就的人好多、好多！結果啊，嘿，在所有的這些老師當中，他幾乎一一都學遍了，他所有的老師的長處，阿底峽尊者都有，最後呢他卻是代管印度所有大廟的鑰匙——宗主，你可以想之，這個只是在自利。03'43"

我們先聽到這兒。師父在介紹阿底峽尊者對聖教所作的事業之中，在這裡邊講到了阿底峽尊者的老師。大家可以看到大明了杜鵑啊、阿嚩都帝啊，還有那洛巴尊者，都是佛教史上赫赫有名的大上師、了不起的大成就者，阿底峽尊者就是這些赫赫有名的上師們的弟子。04'12"

　　我們可以看到阿底峽尊者不可思議的成就，但是也會看到他追隨善知識的辛苦的路程，比如說去參訪金洲大師，就是我們都眾所周知的一個例子。在這裡邊說：他所有的老師的長處阿底峽尊者都有，比如說金洲大師修菩提心、成就菩提心，尊者就十二年不離不棄，一直辛苦地在那邊學。歷史上留下來這樣的記載，可能也還有沒記的，我們也不知道。總之，一個非常了不起的成就者，他首先是那些非常了不起的上師們的虔誠的弟子，一個不會作弟子的人也不可能成為一個了不起的上師，因為他沒有經驗作一個弟子的話，也沒法教弟子們怎樣作弟子。05'12"

　　說：「所有的老師的長處，阿底峽尊者都有。」過去生就可能都忘了，在這一生修行的人都知道，如果你曾經認真地或者正在非常認真地依止自己的善知識，你一定會清晰地發現自己的善知識那些非常超勝的功德。那些超勝的功德，有的時候是自己可望不可及的，但是要腳踏實地地去跟著學，還有一些可能是沒有發現。那麼就我們能夠看到善知識功德的部分要想想我們自己，阿底峽尊者這樣地示現，就是為了教育我們、教導我們要好好地實踐依止法。05'55"

講次 0272

效學上師調伏煩惱、恭敬僧之功德

師父他就非常強調佛法一定要結合內心、向內調伏。向內的調伏其實也最主要的被戒定慧三學所攝，大家都知道調伏這顆狂心，一定要用戒律鉤住那個瘋狂的馬，用戒律之繩鉤住它，接著再用禪定的力量壓伏它，最後才用智慧寶劍把它的根本拔除掉。所以像師父就特別強調一個修行的次第，比如說《菩提道次第廣論》，將一個補特伽羅成佛的修行次第全部都編排在一起，然後他自己是非常認真地在沿著這個道次第修行，引導弟子也是這樣做的。00'49"

要向內調伏煩惱，就比如像我們餓了需要食物，如果肚子很餓的時候做了很多美味大餐，但是不吃的話，對止

廣論音檔段落　舊版 4B 24:13～26:18
手抄稿頁／行　舊版 1 冊 P126-L5～P127-L3（2015 年版）
　　　　　　　舊版 1 冊 P126-L7～P127-L6（2016 年版）

息饑餓是毫無幫助的。會做美味的食物，就好比是能夠清楚地了解教典的內容；對這些完全不去做修持的話，就好像會做好吃的食物，做好了卻不食用，如果不吃的話是沒有幫助的。那麼用抉擇慧觀察，了知何者是、何者非，然後各別去分別判斷之後，全部要集中起來化作自心的修持。01'30"

那麼什麼叫修持呢？就是能夠壓伏自心的煩惱勢頭，成為對治煩惱的一個方便。像在大大小小的境中，師父都會提醒我們歷事練心，就是要對境調伏煩惱。師父常常說：「你能騙得了別人，是騙不了自己的。」自己的那個功夫到什麼程度，調伏煩惱的力度就是那樣子。所以師父在向內調伏、壓伏煩惱的這個宗風，也非常合乎於道次第的「一切至言現為教授」，就是全部都可以拿來向內調伏。在師父修行的示現中比比都是這樣的例子，這是在師父的功德之中非常耀眼的一個！02'19"

另外師父的生活非常地簡樸，也非常希望僧團的法師們少欲知足，尤其是對於高科技產品的強力防範。現在我們僧團也在延續這個宗風，就是盡可能不用的就不用，然後把精力用在教典上、用在研究三學、向內調伏，甚至是承事大眾。這一點師父的教授是非常、非常明晰的。02'50"

仁波切的教授之中，恭敬僧的這個部分就是非常顯耀的！你可以在很多、很多的事例中，看到他實踐皈依學處，就是恭敬僧的這個部分。因為仁波切也常常教育我們說，恭敬僧就是從身邊的人開始恭敬——如果你身邊都是出家人的話，你就要從身邊的人開始恭敬；不是眼前的僧眾在眼前都不去恭敬，然後去恭敬天邊的、不認識的出家人，就是你熟悉的這些人！03'23"

像我就有幸親眼得見在那些年齡很小的沙彌面前，如果上師他去供僧的話，他都是跪下來。他是一個大上師了，是弟子的頂嚴，但是他會在很小的沙彌面前跪下來，然後把那個鉛筆呀什麼都捧過頭頂來給他們。有一次到了一個寺院，那個寺院天色已經漸晚了，一群小沙彌圍成一圈在背經，仁波切在很遠的地方他就開始對他們大禮拜。夜色朦朧，如果不是跟在旁邊是有點看不清楚他是誰，沒人知道他是誰。他走在我們這個隊伍的最前面，他就直接

磕大頭，禮敬那些正在背經的小沙彌。04'11"

我也曾經看到我的另一位上師，他絕對不會從出家人的鞋上邁過去！這個以前我有給你們講過，不知道還記得否？就是我的上師的上師叫他，他正在給我們上課，他馬上就要去見他的老師，在樓上，可是門口有很多出家人的鞋子，他就彎下腰來──那時候他的腰腿是不怎麼好的，正在治病──他彎下腰來，用飛快的速度把那個鞋非常恭敬地撥到兩側，其實他一步是可以邁過去，他沒有選擇邁，然後留出一條小路他自己走過去。邁著非常急促的步子走過去，但是非常恭敬地撥開了出家人的鞋子。04'53"

這些鏡頭，作為弟子的我看了之後都會深深地刻在自己的心中，上師是怎麼樣示現的，弟子就要如是地行。所以在這一段中，看到了阿底峽尊者把他所有的老師的長處都學會了，這是一個何等的修行！像我們的善知識那麼多的功德，我們一個都學不會，拼死拼活地都很難學，所以這是何等了得的事情！05'22"

線上音檔掃描

講次 0273

閱讀尊者傳記，學習修心教授

好！接下來我們要繼續聽師父講阿底峽尊者的利他方面。00'12"

利他方面，有一點事情：那個西藏這個佛法，因為那個菩提光，那個是藏王，兩代要想振興佛法，到印度去請。那麼，說印度真正成就的人很多，你譬如像剛才這個那洛巴尊者，但是說真正要想圓滿能夠把這問題徹底解決振興佛法的，那也只有這個人。哪一個？阿底峽尊者。大家就想去請，但是印度人一聽見有人來請的話，喔，那個消息馬上封鎖。不但是廟裡面，裡裡外外、上上下下大家都封鎖。一曉得這西藏人來了，就「好了！」在他面前絕不開口。居然找了很多年，請得

廣論音檔段落　舊版 4B 26:18～5A 01:20
手抄稿頁／行　舊版 1 冊 P127-L3～P132-L1（2015 年版）
　　　　　　　舊版 1 冊 P127-L6～P131-LL1（2016 年版）

去的人找了很多年，找不到阿底峽尊者在什麼地方；實際上阿底峽尊者就在眼前，碰見了誰都不告訴他誰是阿底峽尊者。可想而知，這個人在印度人心目當中地位之高，地位之高！01'15"

最後終於被他認識，然後要去請的時候，當時不知道哪一個廟，我現在忘記了，這個廟裡的那個大上座，尸羅寺還不是哪一個寺，那是印度最大的一個大廟。大廟這個上座就給那個來請，希望邀請阿底峽尊者的那個西藏人說，他說：「你要曉得，我們印度是佛教的宗主國。」這話怎麼講呢？「就是佛在印度出生的，而且圓滿的教法都在這裡，所以它維持這個宗風是非常重要的。如果阿底峽尊者一走的話，我們那個印度的佛法就完了。」那個時候有這麼多了不起的大善知識，居然說阿底峽尊者一走的話，這個印度的佛法就完了！你想像，你可以想像阿底峽尊者何等了不起！02'13"

在這一點我們想不通，這怎麼可能？譬如說，我們眼前一個廣欽老和尚，或者李老師，喔唷！很了不起，但是算算的確不如阿底峽尊者。然後歷史上面天台智者大師、慧思禪師，都是很了不起，居然一個人，像這樣的人留在這裡，沒有辦法把那個教法圓滿。所以你可以想像得到阿底峽尊者，在印度自利、利他方面的成就，這是所以為什麼人家尊他為「能仁第二」啊！02'48"

在這一段裡可能大家要了解：其實把阿底峽尊者請到西藏是一件極為艱難的事情，菩提光王為了請阿底峽尊者所付出的一切。到了印度之後，誰也不告訴去請的人誰是阿底峽尊者，印度人都在保護阿底峽尊者，凡是知道阿底峽尊者的都不希望他被請到西藏去，所以可以想像這個求法的艱難程度啊！就是沒有人支持你、沒有一個人肯幫忙你，都在阻攔你，應該是這樣的吧！所以連個消息都不知道。你想想！這是非常艱難的事情，說碰到了誰，都不告訴他誰是阿底峽尊者。師父在這個事例上得出說：「可想而知，這個人在印度人心目當中地位之高，地位之高！」應該說捨不得阿底峽尊者離開印度。03'58"

然後又舉了說：「印度是佛教的宗主國……就是佛在印度出生的，而且圓滿的教法都在這裡，所以它維持這個宗風是非常重要的。如果阿底峽尊者一走的話，我們那個

印度的佛法就完了。」所以有這麼多了不起的大善知識，居然說阿底峽尊者一走，印度佛法就完了！師父又說一句，說：「你想像，你可以想像阿底峽尊者何等了不起！」04'31"

其實每當我讀到師父在講阿底峽尊者的時候，我就很想把阿底峽尊者的傳記好好地讀一遍。因為他在印度有這麼高的成就，印度的這麼多寺院都是奉他為宗主，這麼高的一個位置，居然被西藏人請到西藏來，這件事就是神話級的。05'00"

所以譯經院的法師從去年開始翻譯《阿底峽尊者傳》翻譯一年，現在正在大會校，就快翻譯完了。翻譯完了之後，我很想跟大家一起學一下，它比尊法師翻譯的那個《阿底峽尊者傳》的譯本要更全。我覺得我們這些學到這個教法的人，是應該銘記阿底峽尊者的悲心啊，還有他的各種功德；也很想要了解他在求法的時候、追隨善知識的時候、在修行的時候，乃至他在西藏弘法利生，都經歷了怎樣的艱辛，有怎樣的功德，很想了解這些！所以等到譯本出來的時候就給大家講。05'49"

　　可能我開始講的時候你們還沒有書，因為剛譯完我這邊可能就可以講了，會校結束之後。不知道你們會不會想了解？會不會想聽呢？我自己是很想好好學，因為那裡邊一定有很多修心的教授，很多很多可以幫到我們的現行的。比如說遇到了這個境我該怎麼辦？開始向上爬，爬不上去，遇到了這個問題、這個障礙，怎麼努力都上不去的時候，那些成就者在他們的傳記裡，其實都有一個很好的譬喻，或者說一個例子。然後從那個例子裡反思一下自己，可能就想到突破的辦法了。06'33"

　　有的時候由於我們讀誦佛菩薩示現的高僧、那些大成就者的傳記，可能有的時候會——有可能生起出離心嗎？因為都有可能生起菩提心啊！就是讀誦那個佛菩薩的傳記，心生撼動，然後發誓說：「我也要像他一樣！」都有可能就因為這個發心了。06'55"

　　因為阿底峽尊者的示現是很不尋常的，印度的佛教是靠他，然後西藏的佛教再次地振興又是靠他，所以這是一個不可思議的示現。在這樣娑婆世界的短短的一生中，他做了這麼偉大的成就！所以那裡邊可能有很多的用功秘

笈，我們可以來結合自己好好地用心。如果能對阿底峽尊者生起一個信心的話，比如說我們背書有困難的，可能就會突破了；辯論有困難就突破了，還有一些家裡的事情、健康狀況……，當我們的心力振奮的時候，其實困難都不是困難。但是心力一不振奮的時候，所有的困難都很嚴重，甚至平常別人說自己幾句話呀，有點什麼非常小的委屈，都必須睚眥必報，要打個平手，甚至要壓服別人，自己才會墮入現世滿足的這個深坑裡邊，唯有積累惡業。07'57"

但是大善知識們的傳記，如果你去讀的話，會發現他們用非常皎潔的動機去做一切的事情，尤其在涉及到要向內調伏的時候，那是絕不留情地向內調伏的。因為他們都示現深知我愛執的過患、深知無明的過患，所有的問題都出在自己內心對境的顛倒安立上，並不是境那邊獨自顯現的那個問題。所以他一定都是把問題最關鍵的解決方案找對，不會在旁支上一直怪別人、研究這些。想要解決生命的困境，一定是在自心上解決的。08'38"

像認真地跟過師父修行的人都知道，師父一定會特別強調要源自內心地去調伏煩惱，什麼事情要在自心上解決。所以師父是從不說人是非的、從不說人是非，都向內心好好地調伏。那麼很認真地追隨著師父學習的時候，當自己的習氣又出來了，又開始說人家的不好，如果受菩薩戒的話就可能犯到根本墮。以什麼心啊？以名聞、利養的心幹什麼？自讚毀他，這個就是犯到菩薩的根本墮。所以平常的時候如果有這樣的習氣，老說別人不好、說自己好，覺得自己是最超勝的，其實連皈依學處也是守不好的，很多都是很麻煩的。09'26"

我們很多毛病在學習佛菩薩的傳記，或是在學習經典的時候，就是世間也有一句話嘛！說很多惡習，在每天閱讀好書的狀態下，就像烤麵包的油一樣，老是烤、烤，它就化掉了，不會那麼堅固地在自己的心續裡一直長的，它也不是常法，這緣起之法是可以對治掉的。09'48"

我抱著很高的熱望，希望能夠跟大家一起好好地學習《阿底峽尊者傳》，也希望你們能夠好好地希求，因為翻譯這本書並不容易，大家都是在很忙的時候拼命地把它譯完。尤其是現在又開了學習止觀的課程，法師們又要開始

翻譯《四家合註》的止觀部分,都是很忙的。那麼這些忙碌的所有的一切,如果大家都能夠認真地學,能用來調伏內心,能夠增長善、遏止惡,在我們這個有限的一生中把自己生命的暇滿的義大發揮到極致,那再辛苦點不是也很開心嗎?10'30"

　　禮敬傳承祖師!禮敬付出了這麼大的艱辛來到了西藏,把教法傳持給我們的阿底峽尊者和所有的善知識們!10'43"

廣海明月

——道次第廣論講記淺析
第五卷

附錄

各講次與日常老和尚廣論開示之音檔、手抄稿段落對照表

講次	音檔長度	廣論音檔段落	手抄稿頁/行	四家合註入門頁/行	四家合註白話校註集頁/行
0227	11'26"	舊版3B 28:13～4A 02:31	舊版1冊 P94-L2～P98-L7（2015年版） 舊版1冊 P94-L3～P98-L7（2016年版）	無	無
0228	09'28"	舊版4A 02:31～05:16	舊版1冊 P98-L8～P99-LL3（2015年版） 舊版1冊 P98-L8～P99-LL3（2016年版）	無	無
0229	07'12"	舊版4A 02:31～05:16	舊版1冊 P98-L8～P99-LL3（2015年版） 舊版1冊 P98-L8～P99-LL3（2016年版）	無	無
0230	10'01"	舊版4A 05:16～07:13	舊版1冊 P99-LL2～P100-LL5（2015年版） 舊版1冊 P99-LL2～P100-LL5（2016年版）	無	無
0231	06'22"	舊版4A 07:13～08:42	舊版1冊 P100-LL4～P101-L6（2015年版） 舊版1冊 P100-LL4～P101-L7（2016年版）	無	無
0232	04'16"	舊版4A 07:13～08:42	舊版1冊 P100-LL4～P101-L6（2015年版） 舊版1冊 P100-LL4～P101-L7（2016年版）	無	無
0233	07'00"	舊版4A 08:42～10:01	舊版1冊 P101-L7～P102-L1（2015年版） 舊版1冊 P101-L8～P102-L3（2016年版）	無	無
0234	06'37"	舊版4A 10:01～10:47	舊版1冊 P102-L2～P102-L7（2015年版） 舊版1冊 P102-L4～P102-LL7（2016年版）	無	無
0235	05'50"	舊版4A 10:01～10:47	舊版1冊 P102-L2～P102-L7（2015年版） 舊版1冊 P102-L4～P102-LL7（2016年版）	無	無

講次	音檔長度	廣論音檔段落	手抄稿頁／行	四家合註入門頁／行	四家合註白話校註集頁／行
0236	10'50"	舊版4A 10:47～11:30	舊版1冊 P102-L8～P102-LL3（2015年版） 舊版1冊 P102-LL6～P102-LL2（2016年版）	無	無
0237	11'46"	舊版4A 11:30～13:32	舊版1冊 P102-LL2～P103-LL2（2015年版） 舊版1冊 P102-LL1～P103-LL1（2016年版）	無	無
0238	05'49"	鳳山寺版03 04:43～06:20	鳳山寺版1冊 P65-L4～P65-LL1	無	無
0239	06'20"	舊版4A 13:24～16:03	舊版1冊 P103-LL2～P105-L4（2015年版） 舊版1冊 P103-LL2～P105-L4（2016年版）	無	無
0240	07'41"	舊版4A 13:24～16:03	舊版1冊 P103-LL2～P105-L4（2015年版） 舊版1冊 P103-LL2～P105-L4（2016年版）	無	無
0241	10'15"	舊版4A 13:24～16:03	舊版1冊 P103-LL2～P105-L4（2015年版） 舊版1冊 P103-LL2～P105-L4（2016年版）	無	無
0242	10'02"	舊版4A 16:03～17:07	舊版1冊 P105-L5～P105-LL5（2015年版） 舊版1冊 P105-L5～P105-LL5（2016年版）	無	無
0243	06'28"	舊版4A 16:03～17:07	舊版1冊 P105-L5～P105-LL5（2015年版） 舊版1冊 P105-L5～P105-LL5（2016年版）	無	無
0244	08'20"	舊版4A 17:07～20:27	舊版1冊 P105-LL4～P107-LL6（2015年版） 舊版1冊 P105-LL4～P107-LL7（2016年版）	無	無

講次	音檔長度	廣論音檔段落	手抄稿頁/行	四家合註入門 頁/行	四家合註白話校註集 頁/行
0245	06'37"	舊版4A 17:07~20:27	舊版1冊 P105-LL4~P107-LL6 (2015年版) 舊版1冊 P105-LL4~P107-LL7 (2016年版)	無	無
0246	10'27"	舊版4A 20:27~24:04	舊版1冊 P107-LL5~P109-LL6 (2015年版) 舊版1冊 P107-LL6~P109-LL6 (2016年版)	無	無
0247	11'11"	舊版4A 24:04~25:36	舊版1冊 P109-LL5~P110-LL6 (2015年版) 舊版1冊 P109-LL5~P110-LL6 (2016年版)	無	無
0248	07'28"	舊版4A 24:04~25:36	舊版1冊 P109-LL5~P110-LL6 (2015年版) 舊版1冊 P109-LL5~P110-LL6 (2016年版)	無	無
0249	07'47"	舊版4A 25:36~27:04	舊版1冊 P110-LL5~P111-LL7 (2015年版) 舊版1冊 P110-LL5~P111-LL7 (2016年版)	無	無
0250	07'00"	舊版4A 25:36~27:04	舊版1冊 P110-LL5~P111-LL7 (2015年版) 舊版1冊 P110-LL5~P111-LL7 (2016年版)	無	無
0251	12'19"	舊版4A 27:04~4B 02:56	舊版1冊 P111-LL6~P114-LL4 (2015年版) 舊版1冊 P111-LL6~P114-LL5 (2016年版)	無	無
0252	09'36"	舊版4B 00:00~02:56	舊版1冊 P113-L1~P114-LL4 (2015年版) 舊版1冊 P113-L1~P114-LL5 (2016年版)	無	無
0253	05'13"	舊版4B 02:56~05:09	舊版1冊 P114-LL3~P115-LL3 (2015年版) 舊版1冊 P114-LL4~P115-LL3 (2016年版)	無	無

講次	音檔長度	廣論音檔段落	手抄稿頁／行	四家合註入門 頁／行	四家合註白話校註集 頁／行
0254	06'23"	舊版4B 02:56～05:09	舊版1冊 P114-LL3～P115-LL3（2015年版） 舊版1冊 P114-LL4～P115-LL3（2016年版）	無	無
0255	07'08"	舊版4B 05:09～09:34	舊版1冊 P115-LL2～P118-L5（2015年版） 舊版1冊 P115-LL2～P118-L5（2016年版）	無	無
0256	08'11"	舊版4B 05:09～09:34	舊版1冊 P115-LL2～P118-L5（2015年版） 舊版1冊 P115-LL2～P118-L5（2016年版）	無	無
0257	08'10"	舊版4B 09:34～14:35	舊版1冊 P118-L6～P121-L2（2015年版） 舊版1冊 P118-L6～P121-L3（2016年版）	無	無
0258	10'07"	舊版4B 09:34～14:35	舊版1冊 P118-L6～P121-L2（2015年版） 舊版1冊 P118-L6～P121-L3（2016年版）	無	無
0259	11'21"	舊版4B 14:39～17:13	舊版1冊 P121-L3～P122-L5（2015年版） 舊版1冊 P121-L4～P122-L6（2016年版）	無	無
0260	11'26"	舊版4B 17:13～19:29	舊版1冊 P122-L6～P123-L8（2015年版） 舊版1冊 P122-L7～P123-L9（2016年版）	無	無
0261	09'15"	舊版4B 19:29～20:13	舊版1冊 P123-LL6～P123-LL1（2015年版） 舊版1冊 P123-LL7～P123-LL1（2016年版）	無	無
0262	05'02"	舊版4B 20:13～21:58	舊版1冊 P124-L1～P124-LL1（2015年版） 舊版1冊 P124-L1～P125-L1（2016年版）	無	無

講次	音檔長度	廣論音檔段落	手抄稿頁／行	四家合註入門頁／行	四家合註白話校註集頁／行
0263	05'53"	舊版4B 20:13～21:58	舊版1冊 P124-L1～P124-LL1（2015年版） 舊版1冊 P124-L1～P125-L1（2016年版）	無	無
0264	07'01"	舊版4B 21:58～23:15	舊版1冊 P125-L1～P125-LL4（2015年版） 舊版1冊 P125-L2～P125-LL3（2016年版）	無	無
0265	05'50"	舊版4B 21:58～23:15	舊版1冊 P125-L1～P125-LL4（2015年版） 舊版1冊 P125-L2～P125-LL3（2016年版）	無	無
0266	06'41"			1冊 P92-L1～P93-LL1	1冊 P102-L1～P102-LL3
0267	06'49"			1冊 P94-L1～P94-L7	
0268	06'38"			1冊 P94-L8～P96-L9	
0269	05'12"	舊版4B 23:15～24:13	舊版1冊 P125-LL3～P126-L4（2015年版） 舊版1冊 P125-LL2～P126-L6（2016年版）	無	無
0270	05'38"	舊版4B 23:15～24:13	舊版1冊 P125-LL3～P126-L4（2015年版） 舊版1冊 P125-LL2～P126-L6（2016年版）	無	無
0271	05'55"	舊版4B 24:13～26:18	舊版1冊 P126-L5～P127-L3（2015年版） 舊版1冊 P126-L7～P127-L6（2016年版）	無	無

講次 講次	音檔 長度	廣論音檔段落	手抄稿頁/行	四家合註入門 頁/行	四家合註白話校註集 頁/行
0272	05'22"	舊版4B 24:13〜26:18	舊版1冊 P126-L5〜P127-L3（2015年版） 舊版1冊 P126-L7〜P127-L6（2016年版）	無	無
0273	10'43"	舊版4B 26:18〜5A 01:20	舊版1冊 P127-L3〜P132-L1（2015年版） 舊版1冊 P127-L6〜P131-LL1（2016年版）	無	無

廣海明月──道次第廣論講記淺析　第五卷

造　　　論	宗喀巴大師
講　　　述	日常老和尚
淺　　　析	真如

文 字 整 理	釋如吉、釋如密、釋性蓮、釋性由、釋性航、釋性竺、 釋性華、釋如法、南海尼僧團法寶組
文 字 校 對	王淑均、黃瑞美、張慧妤
責 任 編 輯	朱以彤
美 術 設 計	王瓊玉、張福海
排　　　版	華漢電腦排版有限公司
印　　　刷	龍岡數位文化股份有限公司

出 版 者	福智文化股份有限公司
地　　　址	105407 台北市松山區八德路三段212號9樓
電　　　話	(02)2577-0637
客服Email	serve@bwpublish.com
官 方 網 站	https://www.bwpublish.com
FB粉絲專頁	https://www.facebook.com/BWpublish

總 經 銷	時報文化出版企業股份有限公司
地　　　址	333019 桃園市龜山區萬壽路二段351號
電　　　話	(02)2306-6600轉2111

出 版 日 期	2023年8月 初版一刷
定　　　價	新台幣350元
I S B N	978-626-97018-9-6

版權所有・請勿翻印 Printed in Taiwan

※如有缺頁、破損、倒裝，請聯繫客服信箱或寄回本公司更換

本書所得用以支持經典譯註及佛法弘揚

國家圖書館出版品預行編目(CIP)資料

廣海明月：道次第廣論講記淺析. 第五卷 / 宗喀巴
大師造論；日常老和尚講述；真如淺析. -- 初版.
-- 臺北市：福智文化股份有限公司, 2023.08
　冊；　公分
ISBN 978-626-97018-9-6 (平裝)

1.CST: 藏傳佛教　2.CST: 注釋　3.CST: 佛教修持

226.962　　　　　　　　　　　　112011636